Herzlichst

Lutz-Peter Nethe

Merseburg 7. 10. 2011

Über den Autor:

Lutz-Peter Nethe wurde 1952 in Frankfurt an der Oder geboren. Nach dem Studium der Verfahrenstechnik an der TH Merseburg und mehreren Stationen seines Berufslebens in Ost- und Westdeutschland ist er heute Geschäftsführer eines Ingenieurbüros für Umweltschutz-Technologien.

1978 entdeckte er den Kanusport für sich und ist bis heute überall auf zahmen und wilden Gewässern unterwegs. Von 1978 bis 1986 publizierte er im ostdeutschen Magazin „Kanusport" zahlreiche Flussbeschreibungen und Reiseerlebnisse.

Viele dieser Geschichten sind hier in neuer und ergänzter Form erzählt, da sie so aus politischen Gründen und damit Gründen der Zensur in einer ostdeutschen Zeitschrift nicht erscheinen durften.

Lutz-Peter Nethe

Und Wasser hat doch Balken

Skurrile Abenteuer
im und neben dem Boot

Herstellung und Verlag:
Books on Demand GmbH, Norderstedt
ISBN 978-3-8391-1448-3

Einführung

Das vorliegende Buch ist nicht etwa ein weiterer Flussführer und auch keine Reisebeschreibung, in denen alle einzelnen Etappen von Flussfahrten bis zur letzten Kleinigkeit über Brücken und Wehre und zum kleinsten Stein auf der linken Seite verzeichnet sind.

Vielmehr werden Geschichten erzählt, die rund um das Wasserwandern und die Kanufahrten im Osten Deutschlands passiert sind. Geschichten, die von den Mühseligkeiten einer in der ehemaligen DDR zwar geduldeten, aber für Individualisten einfach nicht vorgesehenen Sportart berichten.

Natürlich haben trotz aller Probleme mit dem Material, unzureichender Ausrüstung und nicht vorhandener Karten (Flussführer gab es nicht) der Sport und das Erlebnis im Vordergrund gestanden – mit den vielen sportlichen und menschlichen Freuden.

Und genau diese sind des Erzählens Wert.

Noch eine Vorbemerkung zu den im Buch gezeigten Fotos, deren Qualität sicher nicht immer einem professionellen Anspruch genügen. Die meisten sind mit einfachen Fotoapparaten gemacht, manche sogar nur mit dem alten Kinderknipserapparat Pouva Start). Teure Kameras, sofern man sie hatte, wären für die Benutzung am und im Wasser einfach zu gefährdet gewesen. Und fast alle Bilder wurden im privaten Fotostudio selbst entwickelt, also über der Badewanne im verdunkelten Bad. Denn vielfach sollten diese Fotos nicht den Überwachern der staatlichen Fotoentwickler in die Hände fallen. Bauwerke, wie Bahnanlagen, Brücken und Wehre zu fotografieren, war bis zur Wende 1989 streng verboten.

Inhaltsverzeichnis

Wie alles begann!
Ost-Berlin 1978...

... und mir ist langweilig. Nichts passiert. Das ganze Leben ist soooo langweilig, bis passiert, was oft passiert, wenn nichts passiert. Man setzt sich mit ein paar Freunden zusammen und sinniert über das Leben im Allgemeinen und die Zukunft im Besonderen. Was konnte sie uns schon noch bringen mit unseren 26 Jahren?

Legt man den berühmten Spruch zu Grunde, nach dem jeder Mann ein Haus bauen, einen Sohn zeugen und einen Baum pflanzen sollte, so hatte sich das mit dem Baum und mit dem Sohn namens Tilo für mich bereits erledigt. Und ein Haus bauen? Niemals! Was hat das mit Abenteuer und Natur und Freiheit zu tun? So rein gar nichts! Aber was sollte es dann sein.

Die Langeweile konnte einen jeden Optimismus nehmen. Arbeiten, Familie, Familie, Arbeiten und dann? Langeweile!. Es musste etwas passieren. Und zwar bald, bevor wir gar nicht mehr merken würden, dass es langweilig ist.

Und dann kam er, der alles entscheidende Tag. Klaus, Freund und Arbeitskollege, saß mit mir in einer Berliner Eckkneipe beim Bier zusammen und wir versuchten, etwas ganz Großes, Außergewöhnliches, Extremes, noch nie da Gewesenes, Sensationelles zu planen. Nur was, das wussten wir nicht.

Wir spintisierten über so manche Idee. Vielleicht könnten wir mal mehrere Monate in der wilden Natur verbringen, möglichst ohne Kontakt zur zivilisierten Welt. Na ja, mehrere Monate? Aber zumindest mal eine Woche. Zur Probe sozusagen. Vielleicht sollten wir versuchen, Ameisen zu zähmen, eine wirklich sehr anspruchsvolle Aufgabe. Oder wie wäre es, alle Bahnstrecken zu bereisen. Nein, auch nicht, die Tortur wäre zu groß.

In diesem Augenblick fuhr ein kleines Mädchen auf Rollschuhen am Fenster der Kneipe vorbei. Ja, das war es. Ein Abenteuer war geboren. Wir werden mit Rollschuhen irgendwohin fahren. Nun mussten wir uns nur noch ein Ziel auswählen. Und das musste gewaltig sein, etwas ganz Großes, Außergewöhnliches, Extremes, noch nie da Gewesenes und Sensationelles.

Wir diskutierten verschieden Optionen. Es durfte nicht zu anstrengend sein, damit entfielen alle Gegenden mit Bergen. Es durfte nicht zu einsam sein, denn man sollte uns ja sehen und vielleicht auch fragen woher und wohin. Was soll das mit dem Großen, Außergewöhnlichen, Extremen, noch nie da Gewesenen und Sensationellen, wenn uns keiner bemerkt? Die Lösung hieß Dresden.

Und das war sie, die großartige Idee:

Wir werden mit Rollschuhen von Berlin nach Dresden fahren und dabei unterwegs irgendwie und irgendwo übernachten.

Unserer Meinung nach hatte das vor uns noch niemand gemacht und wir waren entsprechend begeistert, von uns selbst natürlich am meisten. Mit steigendem Bierkonsum wurde die Idee immer verwegener und reifte zum Plan. Was war zu tun? Alles erschien uns ganz einfach: Rollschuhe besorgen und Karten studieren, um die richtige Route zu finden. Dann nur noch los fahren. Beschlossen und geplant, um in die Tat umgesetzt zu werden.

Am nächsten Tag war der Plan, obwohl im nüchternen Zustand betrachtet, immer noch gut, wenn er uns nun doch ziemlich verwegen erschien. Das erste Problem tat sich so gleich auf. Woher sollten wir vernünftige Rollschuhe bekommen? Es gab zwar im so genannten Fachhandel der DDR Rollschuhe, aber die sahen eher aus wie Kinderspielzeug. Wir kannten da noch die stabilen Stahlrollschuhe mit Steinrollen aus unserer frühen Kindheit. Aber die gab es schon lange nicht mehr, vermutlich, weil die so einen Lärm machten.

Die neuen Dinger mit Gummirädern waren so leicht, dass sie sich schon beim scharfen Ansehen verbogen. Wie sollten die eine Tour über mehrere hundert Kilometer aushalten? Nein, das ging auf keinen Fall. Klaus hatte die Idee, seine Verwandten in Westberlin anzubetteln, ließ es dann aber doch sein. Vielleicht konnten wir uns ja auch welche borgen, Aber wir kannten niemanden, der zu dieser Zeit noch mit Rollschuhen unterwegs war und Roller Skates wurden erst viel später erfunden.

So kamen wir nicht weiter. Rollschuhe würden wir schon irgendwic besorgen können Also beschäftigten wir uns zunächst einmal mit der voraussichtlichen Route, den Etappenzielen und den Etappenlängen. Etappenlänge? Klar, so weit wir eben kommen und uns unsere Beine tragen sollten. Aber Übernachtungen dann kurzfristig auf gut Glück zu finden, könnte schon schwerer werden. Man erinnere sich: wir befinden uns in der ehemaligen DDR.

Die Strecke sollte ausschließlich über Nebenstraßen führen. Denn bei einer solchen Aktion musste man immer damit rechnen, von der Volkspolizei aus dem Verkehr gezogen zu werden, und ungewollt in einem Quartier hinter Gittern zu landen. („weil man das nun einmal nicht macht") So weit ging dann unsere Abenteuerlust doch nicht. Zumindest für die Polizei sollte unser Unterfangen so lange wie möglich unbemerkt bleiben.

Also studierten wir die Straßenkarten, um einen geeigneten Weg nach Dresden zu finden und gleichzeitig durch Orte zu kommen, in denen Freunde, Verwandte oder Studienkollegen wohnten, bei denen man vielleicht übernachten könnte.

Wir wollten durch die Lausitz fahren, da kannte ich einen Freund aus Studienzeiten und Klaus hatte auch einen Kumpel in der Gegend. Meine Frau kam aus dem Spreewald und hatte dort Verwandtschaft, also noch einen Anlaufpunkt mehr. Und in Dresden wohnten ja meine Freunde Wolz und Gisela, da hätten wir also schon die Übernachtung am Ziel. Was sollte da noch schief gehen?

Nun diskutierten wir die Strecke und stellten fest, dass wir einen brauchbaren Untergrund für die Rollschuhfahrerei benötigten. Möglichst Asphalt. Mir fiel ein alter Witz ein:

„Warum gibt es so viele Schlaglöcher in der DDR?"

„Weil es dafür kein Westgeld gibt, sonst hätten wir die auch schon lange verkauft!"

Und damit tauchte plötzlich das größte aller Probleme auf und brachte das ganze Projekt zu Fall. Der Zustand der Straßen, die wir benutzen wollten war mehr als bedenklich. Wobei die Schlaglöcher sicherlich noch das kleinste Übel waren. Bei genügend Obacht könnten wir die vielleicht umfahren. Schwieriger waren die Orts- und Stadtdurchfahrten auf fürchterlich schlechtem mittelalterlichem Kopfsteins-Pflaster.

Brauchbare Gehwege konnten wir auch nur selten nutzen, Radwege schon mal gar nicht. Das hätte bedeutet, große Teile der Strecke ohne Rollschuhe, sondern gehend bewältigen zu müssen. Wo bliebe dann das Große, Außergewöhnliche, Extreme, noch nie da Gewesene, Sensationelle? Im wahrsten Sinne des Wortes: auf der Strecke.

Die Stimmung wurde schlaglöcherartig schlechter. Und da wir auch noch keine vernünftigen Rollschuhe aufgetrieben hatten, war dieses Abenteuer zu Ende, bevor es richtig begann.

Der geneigte Leser fragt sich nun, was das mit dem Thema des vorliegenden Buches zu tun hat. Sehr, sehr viel. Warten Sie es ab!

Wir hatten nun zwar die nicht vorhanden Rollschuhe an den berühmten Nagel gehängt, wollten aber immer noch etwas Besonderes machen. Was sprach eigentlich dagegen, das Land zu verlassen und sich auf das Wasser zu begeben? Denn dieses hatte bekanntlich keine Schlaglöcher. Das es da auch diverse andere geben kann, hat sich zum Glück erst viel später herausgestellt. Wer weiß, ob dann überhaupt alles so gekommen wäre, hätten wir damals schon von diesen Löchern eine Ahnung gehabt.

Hurra, da war sie, die neue Idee: Wir werden nicht auf der Straße sondern auf dem Wasser wandern.

Klaus und ich hatten von Einsteins Relativitätstheorie mehr Ahnung als vom Wasserwandern. Aber was sollte schon schwer daran sein. Boot besorgen, Fluss aussuchen, einsteigen und los. Soweit der neue Plan. Aber natürlich hatten wir weder Boot noch Paddel und wussten auch nicht, welche Ausrüstung geeignet wäre, welcher Fluss in Frage käme usw. Fragen über Fragen. Nur eines war klar: Es sollte kein Motorboot sein, wir wollten alles mit Muskelkraft erledigen. Ein Abenteuer mit uns und für uns eben.

Wie so oft im Leben kam uns hier der Zufall zu Hilfe. Auf einer Feier bei Freunden traf ich meine Studienkollegin Beate (genannt Emma) wieder, die auch in Berlin wohnte. Wir kamen ins Gespräch über die großen Pläne für das weitere Leben und Emma meinte, ich solle doch mal den Mann von Heike, ebenfalls eine Studienkollegin, ansprechen. Der war früher in der Wildwasser-Nationalmannschaft der DDR und wüsste bestimmt, was zu tun sei. Prima, da schien sich eine Lösung aufzutun.

Gedacht, getan. Die Kontaktaufnahme gestaltete sich schwierig, denn kaum jemand in der DDR hatte ein Telefon. Und Handys gab es noch nicht, die wurden erst viel später erfunden. Aber irgendwie klappte es über mehrere Ecken und wir verabredeten uns in einem Bootshaus im Friedrichshagener Ortsteil Hessenwinkel.

Heikes Mann Olaf war sehr amüsiert über unsere Pläne. Nach der Bootshausbesichtigung entwickelten wir folgende Idee:

Klaus und ich werden mit einem Faltbootzweier auf der Saale fahren.

Nach Olafs Aussage ist der Fluss ungefährlich und sehr gut für uns Anfänger geeignet. Er wird uns dafür ein Faltboot RZ 85 der Firma Pouch aus dem kleinen Ort Pouch in der Nähe von Bitterfeld borgen.

Aber vor dem Vergnügen kam, wie immer, die Arbeit, oder besser gesagt die Plage. Noch nie hatten wir ein Faltboot aufgebaut. Da lagen nun die zwei vollen Transportsäcke, mit denen wir es per Bahn zum Startort an die Saale transportieren wollten. Und nach dem Auspacken standen wir zwischen einem Sammelsurium von Stangen, Schrauben und Planen, aus denen mal ein Boot werden sollten.

Unter Olafs Anleitung bauten wir es zusammen und waren ganz überrascht, wie gut und einfach alles ging. Vielleicht hätten wir uns etwas aufschreiben oder bestimmte Teile markieren sollen oder wenigstens besser aufpassen. Aber unsere Gedanken waren schon am Amazonas und auf dem Nil. Und für einen Ingenieur konnte das alles ja nicht so schwer sein. Das Abbauen war ja noch viel einfacher. Heureka, wir hatten es!

Also ging jetzt das los, was mit vielen Erlebnissen am, auf und manchmal auch unter dem Wasser, im Boot zu zweit oder allein, auf Seen und Flüssen, mal zahm und manchmal wild, einen großen Einfluss auf mein weiteres Leben haben sollte...

Wasser und Weltall
Saale 1978

Mitte August 1978 war es soweit. Klaus und ich hatten in den Rucksäcken möglichst wenig Gepäck verstaut, ein kleines Zweimannzelt aufgeladen, das von Olaf geborgte Boot in zwei Packtaschen gefaltet und alles und uns, mit unserer Muskelkraft natürlich, an den Bahnhof Berlin-Lichtenberg gewuchtet. Wir fuhren am 25. August mit dem Zug nach Saalfeld und hatten vor, auf der Saale von dort nach Naumburg zu paddeln.

Warum gerade von Saalfeld? Es hörte sich einfach gut als Einstiegsstelle an, der Zug hielt dort, in der Nähe war der Fluss und es gab eine Jugendherberge für die erste Übernachtung. Was uns als Fluss erwartete, wussten wir nicht so genau, oder besser gesagt gar nicht. Und wir wollten auch nichts wissen. Alles würde sich schon irgendwie ergeben Einen Flussführer für die Saale gab es nicht. Und außerdem sollte es ja ein Abenteuer werden.

Wir standen in Saalfeld am Bahnhof. Glücklicherweise war der Weg bis zum Fluss von dort aus nicht weit, so dass die Schlepperei von Boot und Ausrüstung bald ein Ende hatte. Geplant war, das Boot aufzubauen, irgendwo etwas zu Essen und zu Trinken aufzutreiben und dann in der Jugendherberge zu übernachten.

Wir waren doch sehr erstaunt, wie viele Einzelteile des Bootes aus den Packtaschen zum Vorschein kamen. Irgendwie hatten wir das anders in Erinnerung. Was unter Anleitung im Bootshaus in Hessenwinkel so wunderbar leicht funktionierte, wollte hier nicht gelingen. Das, was ein Boot werden sollte, sah eher wie eine Banane aus, nichts passte zusammen. Alle Teile waren zwar mit Nummern markiert und auch von uns, so meinten wir, an der richtigen Stelle montiert, aber wie sollte diese blaue Gummihaut bloß über das Gestänge passen? Unserer Meinung nach, hatten wir alles richtig gemacht. Schließlich standen hier zwei Ingenieure, die schon ganze Kraftwerke gebaut hatten. Aber wie ein wasserdichtes Boot wollte das trotzdem nicht aussehen.

Also nahmen wir alles wieder auseinander und fingen von vorne an. Zwei Ingenieure versuchten, das Problem mit logischem Denken anzugehen.

Und siehe da, der nächste Versuch war schon deutlich besser. Das Vorder- und das Hinterteil waren in der Bootshaut verschwunden. Aber wie nun weiter? Unserer Meinung nach passte das Gestänge nicht ins Boot, es war viel zu groß. In Hessenwinkel hatte es doch sehr gut geklappt und falsche Teile hatten wir auch nicht eingepackt. Aber vielleicht hatte ja jemand heimlich die Teile im Bootshaus vertauscht, um uns zu ärgern.

Die Mittelteile mussten wir miteinander verbinden. Soweit, so klar. Doch wenn wir das taten, bogen sich die Seitenhölzer beträchtlich durch, so dass wir jeden Moment mit dem Bruch des Holzes rechneten. Sollte auch dieses Abenteuer bereits vor dem Anfang zu Ende sein? Wo war bloß die Gebrauchsanweisung?

Inzwischen waren zwei Stunden vergangen. Hunger und Durst meldeten sich und mehrere einheimische Kinder hatten sich um uns versammelt und betrachteten belustigt unsere Bemühungen. Es gab nur eine Lösung: Pure Gewalt! Mit aller Kraft drückten wir die Mittelteile aneinander, das Gestänge bog sich besorgniserregend, noch hielt es. Plötzlich gab es ein lautes Knacken und Knirschen, ein Ruck ging durch die ganze Konstruktion und, nein, das Gestänge war nicht zerbrochen. Im Gegenteil, die Teile flutschten ineinander und das Boot streckte sich zur vollen Länge.

Wunderbar! Es war vollbracht. Der Rest war nun kein Problem mehr. Es dauerte zwar, da ungeübte Finger am Werk waren, immer noch ziemlich lange, aber nach drei Stunden Plackerei lag das Boot in voller Schönheit am Flussufer. Wirklich stolz auf die vollbrachte Leistung waren wir nicht, hatte der Probezusammenbau im Bootshaus doch nur fünfundvierzig Minuten gedauert. Sei's drum, wir waren endlich bereit zu großen Taten – aber erst am nächsten Morgen!

An diesen Abend stand nun nur noch die leibliche Versorgung auf dem Programm. Erschrockenen sahen wir auf die Uhr und erkannten schlagartig, dass uns die drei Stunden Bootsaufbau einen Versorgungsengpass beschert hatten. Es war Freitagabend nach sechs Uhr und, na klar, alle Geschäfte hatten geschlossen. Es blieb uns also nichts anderes übrig, als ein Lokal aufzusuchen, um Hunger und Durst zu stillen.

So war das eigentlich nicht gedacht, denn uns standen nur begrenzte finanzielle Mittel zur Verfügung und wir wollten das Geld nicht gleich in der erstbesten Kneipe loswerden. Andererseits musste auf die erfolgreiche Bootsmontage angestoßen werden, und da die Übernachtung in der Jugendherberge wiederum sehr preiswert war, konnten wir die Ausgaben verschmerzen.

Am Start in Saalfeld

Am nächsten Morgen erwartete uns typisches August Wetter, warm und schwül. Nicht gerade die besten Voraussetzungen für unsere tolle Abenteuerfahrt. Um acht Uhr morgens waren wir an der Einsatzstelle und ließen das Boot zu Wasser. Alle Habseligkeiten, die wir in Plastiktüten eingewickelt hatten, waren verstaut.

Mit Mühe bestiegen wir das Boot, saßen mit nassen Füßen drin, ohne zu wissen, wie das nun so alles weiter gehen sollte. Keiner hatte jemals ein Paddel in der Hand gehabt. Das Steuer funktionierte auch nicht, da wir es an Land nicht richtig eingestellt hatten. So mussten wir also das Paddeln mit „Learning by doing" beginnen. Nach etlicher Fummelei an den Steuerseilen gelang es uns sogar, das Boot gerade zu halten.

Im Moment hatten wir nicht viel zu tun, da uns die Strömung flott dahin trug. Also konnten wir üben, im gleichen Rhythmus unsere Paddel durch das Wasser zu ziehen. Das klappte bald ganz gut und die Stimmung wurde besser.

Na also, ist doch gar nicht so schwer. Da war es nun, das Gefühl der Freiheit und der großen Abenteuer. Wir glitten über das Wasser dahin und erfreuten uns an der Natur. Das dicht bewaldete Ufer ließ ein wenig Mississippigefühl aufkommen. Und kein Mensch weit und breit, die pure Einsamkeit. Wir fühlten uns wie Tom Sawyer und Huckleberry Finn.

Wenn nur das Wasser nicht so komisch dunkel geworden wäre. Inzwischen stank es auch noch fürchterlich. Wir hatten die Chemiefaserfabrik der Stadt Schwarza hinter uns gelassen und erlebten eine

17

unglaubliche Sauerei. Das Wasser mit seiner Färbung machte damit dem Ortsnamen alle Ehre. Vermutlich wurden Abwässer von Fasern, die man schwarz eingefärbt hatte, direkt in den Fluss eingelassen, denn an der Mündung der Schwarza in die Saale lag ein dunkler Schaumteppich über dem Wasser. Das Ufer war mit schwarzem Schlamm bedeckt.

Saale-Mississippi

Hier wollten wir nur noch weg und paddelten, was das Zeug hielt. Dabei bemerkten wir nicht, dass die Strömung immer stärker wurde. Es zog uns mächtig voran. Vor uns war das Wasser plötzlich irgendwie anders, das heißt, es war eigentlich nicht mehr so richtig da. Als wir es bemerkten, war es bereits zu spät, um zu reagieren.

Wären wir erfahrene Paddler gewesen, hätten wir eventuell noch das verdreckte aber rettende Schlammufer erreicht und uns die Sache vorher ansehen können. Aber so gab es nur noch eine Devise: Augen zu und durch. Wir fuhren direkt auf die Mitte einer Schwelle zu, wo die Strömung am Stärksten war und hofften, dass nichts passiert. Ehe wir noch weiter nachdenken konnten, waren wir auch schon nach unten durch gerauscht.

Nass von oben bis unten und das Boot halb voll mit schwarzer stinkender Brühe. Die nächste Zeit mussten wir uns treiben lassen, schöpften das Dreckwasser aus dem Boot und versuchten, uns irgendwie zu reinigen und zu trocknen.

Nun war dass Augustwetter doch passend. Das Wasser wurde Gott sei Dank spürbar sauberer, es stank kaum noch und sogar die schwarze Farbe verschwand. Dafür hatte sich der Duft der Chemie überall im Boot, an unseren Klamotten und an uns festgesetzt. Es half auch nicht viel, dass wir versuchten, uns und das Boot mit dem nun besseren Wasser abzuspülen. Wir mussten einfach warten, bis er von allein verflog. Aber baden wollten wir hier vorsichtshalber noch nicht. Vielleicht später.

Bis zum Wehr in Rudolstadt hatte sich der Geruch fast vollständig verzogen. Aber noch einmal ein solches Wehr runterfahren ohne es uns vorher anzusehen, nein, das wollten wir auf keinen Fall. Erfahrene Paddler wären hier runter gefahren, aber wir wollten natürlich kein Risiko mehr eingehen und das Boot eventuell beschädigen. So trugen wir unser Wasserfahrzeug brav drum herum.

Die Pause tat ganz gut. Wir merkten langsam in den Knochen, dass wir noch nie vorher gepaddelt waren. Klaus hatte eine Blase an der rechten Handfläche und verpflasterte sich erst einmal. Mir taten die Ellbogen jetzt schon fürchterlich weh. Was sollte das bloß in den nächsten Tagen werden?

Wir hatten uns vorgenommen, in drei Tagen bis nach Naumburg zu fahren. Nun waren wir in Rudolstadt, immer noch ganz am Anfang der Tour und bereits im Zweifel, ob wir in unserer derzeitigen körperlichen Verfassung überhaupt in drei Tagen Naumburg würden erleben können.

Nach der Pause verbesserte sich unsere Laune deutlich und wir beschlossen, so weit zu paddeln, wie es unsere Kräfte hergeben sollten. Außerdem war es ja noch früh am Tag und wir ließen es nun etwas ruhiger angehen. Wir paddelten so gemütlich vor uns hin, überwanden ein Baumhindernis in Orlamünde, passierten die Porzellanstadt Kahle und weiter ging es, immer weiter. Und weiter, und weiter.

Eine genaue Ahnung, wo wir uns befanden, hatten wir nicht, da es keine Karten gab. Ab und zu fragten wir Angler oder Spaziergänger am Ufer, wo wir denn wären und wie weit es denn noch bis nach Jena sei. Die Auskünfte waren, was die Orte betraf, meistens richtig. Aber was die Entfernung betraf, vollständig falsch.

Die Angler dachten in Straßenkilometern ohne die Windungen und Kehren der Saale zu berücksichtigen, die Spaziergänger in kurzläufigen Wanderkilometern. Und dem entsprechend war dann die Auskunft: „nicht mehr weit" oder „nur noch ein paar Kilometer" oder „ ihr seid gleich da."

Einmal sahen wir ein Straßenschild am Ufer: Jena 14 km. Na, dachten wir, das schaffen wir doch locker. Es war zwar inzwischen schon später Nachmittag, aber vierzehn Kilometer sind doch ein Klacks. Jedoch, irgendwie wollte dieses Jena einfach nicht erscheinen. Windung um Windung schlängelte sich die Saale voran und nichts sah aus wie eine Stadt. Die Sonne neigte sich dem Untergang zu, im August glücklicherweise noch nicht so früh.

Endlich, in der einsetzenden Dämmerung, passierten wir die Autobahnbrücke vor Jena und beschlossen, demnächst unser Quartier aufzuschlagen. Nur wo?

Linkerhand befanden sich nur Industriebetriebe, eingezäunte Areale mit hohen unbezwingbaren gemauerten Ufern und Schrottplätze sind nicht unser bevorzugtes Zeltplatzrevier. Rechts sah man nur eingezäunte Kleingärten. Kein Stück freies Ufer, um unser Zelt aufzuschlagen. Und wir waren mächtig kaputt. Um acht Uhr morgens waren wir gestartet, nun war es acht Uhr abends, also zwölf Stunden paddeln lagen hinter uns. Wir wollten nur noch an Land.

Ein Kleingarten ohne Zaun am Wasser war unsere Rettung. Eine schöne Wiese im Garten und die Möglichkeit, anzulegen, um das Boot aus dem Wasser zu heben, erschienen uns wie das Paradies. Und man wird es kaum glauben, es war ein ebensolches – der Ortsteil Jena Paradies.

Nun ging es zügig. Zelt aufgebaut, alle Klamotten verstaut, Boot umgedreht und nachtfertig gemacht. Wenn da bloß der Hunger nicht wäre. Wo sollten wir abends um halb neun in einer Kleingartenkolonie was zu Essen herkriegen? Wir kletterten über den Zaun auf den Weg, immer in der Hoffnung, dass uns keiner sieht und womöglich für Einbrecher hält. Die herbeigerufene Polizei hätte dann sicher ein anderes Quartier für uns.

Aber wir schienen im Garten Eden gelandet zu sein. Es gab wirklich eine kleine Kneipe in der Kolonie, wo wir Thüringer Rostbrätel mit Bratkartoffeln und ein Bier bekamen. Wir konnten vor Müdigkeit kaum essen und trinken. Die Gabel mit den Bratkartoffeln war so schwer wie ein Sack Kartoffeln. Das Bierglas wog so viel wie ein ganzes Fass. Als wir alles vertilgt hatten, trollten wir uns zurück in unser Zelt und schliefen wie die Toten.

Der nächste Morgen. Wir erwachten und fühlten uns wie gelähmt. Alle Glieder waren erstarrt und schmerzten bei jeder Bewegung. Das war ja auch kein Wunder, hatten wir doch an unserem ersten Tag in einem Paddelboot 72 (in Worten: zweiundsiebzig) Kilometer zurückgelegt. Eine Strecke, die ich in den folgenden fünfunddreißig Jahren meines weiteren Paddlerlebens nie wieder an einem Tag bewältigen sollte.

Was aber hat das alles mit dem Titel der Geschichte „Wasser und Weltall" zu tun? Gemach, des Rätsels Lösung folgt so gleich.

Erst einmal bauten wir unser Zelt ab und verluden alles unter großen Schmerzen ins Boot. Das Wetter hatte sich in der Nacht schlagartig geändert. Es regnete und war sehr windig. Der Gegenwind, Paddler und Radfahrer haben immer Gegenwind, blies so kräftig durch das Saaletal, dass wir sogar stromauf getrieben wurden, wenn wir nicht paddelten.

Wir wollten in die Stadtmitte von Jena zum Frühstück fahren, trugen unser Boot noch an zwei Wehren um und landeten mitten in der City. Dort schien sich irgendetwas zu entwickeln. Wir betrachteten erstaunt das geschäftige Treiben. Unglaublich viele Menschen waren auf den Straßen und Plätzen unterwegs. Überall waren Stände und Buden aufgestellt, an denen es zu Essen und zu Trinken gab. Und allerhand Andenken, die wir noch niemals gesehen hatten.

Des Rätsels Lösung: Dies war der Tag, an dem Siegmund Jähn als erster Deutscher ins Weltall flog. Und wie es in der DDR so üblich war, wurde die Sache im Geheimen, aber dafür gründlich und von langer Hand, vorbereitet. Es gab Porzellanteller mit dem Bildnis von Herrn Jähn, Topflappen oder Tassen und Gläser und allerhand anderen Kram.

Für uns jedoch war nur eines wichtig, Essen und Trinken. Leider gab es keinen Kaffee, dafür aber Freibier und Thüringer Rostbratwurst. Was für ein Frühstück – mit einem unerwarteten Resultat.

Nach mehreren dieser freien Biere sank unsere Motivation, das Boot wieder zu besteigen und weiter zu paddeln, auf den Nullpunkt. Die Knochen taten uns immer noch fürchterlich weh und die Schmerzen wurden sogar noch schlimmer. Zumindest gefühlt. Dazu das schlechte Wetter.

Unter normalen Umständen hätten wir wahrscheinlich gesagt, es gibt kein schlechtes Wetter, nur unpassende Kleidung. Aber heute sah das anders aus. Wir beschlossen, fürs Erste sei es mit dem Abenteuer genug.

Wir bauten das Boot auseinander, verpackten es und trugen alles zum nahe gelegenen Bahnhof.

Bis zur Abfahrt des Zuges vertrieben wir uns die Zeit mit den angenehmen Dingen, die uns Kosmonaut Jähn beschert hatte (Freibier) und fuhren zurück nach Berlin.

Ende am Wehr in Jena

Ein wichtiges Ergebnis zeitigte die Tour dann doch noch. Wir hatten Lunte gerochen und das Paddeln für uns als Sport entdeckt. Nun galt es, Familie und Freunde zu überzeugen, mit uns gemeinsam zu paddeln. Nach unseren Erzählungen von Freiheit und Abenteuer überhaupt kein Problem …

Das Wunder von Grünau
1979

„Du musst die Dinge nur richtig anpacken."
„Wenn man etwas wirklich will, dann klappt es auch."

Mit diesen schönen Sprüchen animieren einen die engsten Freunde zur Lösung von Problemen, bis man selbst daran glaubt. Und manchmal bestätigen sie sich auch im wirklichen Leben.

Ein halbes Jahr war nach dem Saale Abenteuer vergangen. Meine Frau war schon während ihrer Kinderzeit gepaddelt und von der Idee, dass wir dies nun gemeinsam tun, begeistert. Also wurde beschlossen, einen Faltbootzweier zu kaufen. Das war jedoch einfacher gedacht als getan.

In den zwei Sportgeschäften Ostberlins gab es die übliche Antwort: „Ham wa nich und kriejen wa ooch nich rinn".

So bemerkten wir schnell, dass der Besitz eines Faltbootes, zumal eines beliebten F2 von Pouch, denn das sollte es sein, entweder von Glück, Reichtum oder Vitamin B zeugte, oder auch von allem zusammen. Unsere inzwischen neuen Kanufreunde im Bootshaus in Hessenwinkel zuckten auf die Frage nach dem wo und wie des Erwerbs eines solchen Gefährtes mit den Schultern und waren genau so ratlos wie wir. Solch ein Boot zu bekommen, sei ein großer Zufall. Im Bootshaus waren noch ein paar alte Gurken vorhanden, aber die ließen sich zum Transport nicht mehr auseinander nehmen, geschweige denn wieder wasserdicht zusammenbauen.

Da machte unter den Kanuten ein Gerücht die Runde: Auf der Bootsaustellung zu Ostern in Grünau könnte es eventuell Faltboote F2 zu kaufen geben.

Das war sie nun, die erhoffte Chance. Und wie man so schön sagt, fängt auch hier der frühe Vogel den Wurm. Ostersonnabend um führ Uhr morgens machte ich mich mit der ersten S-Bahn auf den Weg nach Grünau. Schon bei der Ankunft am Bahnhof stellte ich fest, dass für diese Uhrzeit ungewöhnlich viele Menschen die erste Bahn genommen hatten und eine wahre Völkerwanderung in Richtung Ausstellungsgelände auf dem Weg war. Schnellen Schrittes eilte ich los und es gelang mir, noch einige potentielle Miteinkäufer zu überholen.

Am Ziel angekommen war ich der Achte in der Schlange und hegte große Hoffnung, bald stolzer Besitzer eines F2 zu sein.

Vor mir standen offenbar erfahrene Grünau-Gänger, die sich schon des Öfteren zu Ostern an dieser Aktion beteiligt haben mussten. Und sie zogen mit Sprüchen vom Leder, wie:

„Es gibt sowieso nur 5 Faltboote"
„Manchmal gibt es gar keine Boote, dann steht man umsonst"
„Die meisten Boote hat sich der Händler selbst unter den Nagel gerissen und verkauft die dann schwarz zum doppelten Preis".

Mir schwante Böses, sollte es das jetzt bereits gewesen sein? Zumal unser Wunschboot unglaublich teuer war. Sechshundert DDR-Mark waren zu dieser Zeit fast ein Monatsverdienst und das wollte ich hier auch ausgeben. Aber das Doppelte auf dem Schwarzmarkt? Kam gar nicht in Frage. Dann ist er eben aus, der Traum vom eigenen Boot. Meine Hoffnung schwand mehr und mehr.

Nach drei Stunden Wartezeit verzog sich glücklicherweise der morgendliche Aprilfrost. Die Sonne kam raus und damit auch wieder ein wenig Optimismus auf. Aber noch waren es zwei Stunden bis zur Öffnung der Ausstellung. Die Schlange vor dem Kassenhäuschen betrug jetzt ungefähr achthundert Meter, gefühlt war sie aber zwei Kilometer lang, mindestens bis zum S-Bahnhof. Die Profis hatten Klappstühle und Thermoskannen mit heißem Kaffee dabei, ich nur meinen Enthusiasmus.

Dann geschah das erste Wunder. Die Verkaufsausstellung öffnete, wohl wegen des enormen Andranges, eine Stunde früher als geplant und, Wunder Nummer zwei, es gab tatsächlich Faltboote zu kaufen, genauer gesagt ganze sieben Stück des F2. Ich war, man erinnere sich, der Achte in der Schlange. Das war es dann, nach vier Stunden in der Kälte stehend, ohne Kaffee, hatte ich zwar immer noch die sechshundert Mark in der Geldbörse, aber kaum Aussicht auf ein Boot und ziemlich schlechte Laune.

Doch – aller guten Dinge sind drei – passierte das wirkliche wahre Wunder von Grünau. Der Sportsfreund vor mir wollte keinen Zweier kaufen! Nein, ihm genügte ein Einer. Man kann sich keinen glücklicheren Menschen als mich am Ostersonntagmorgen vorstellen, der nun um sechshundert Mark ärmer aber um den erträumten F2 unterm Arm reicher war.

Überglücklich und vor Freude breit grinsend schleppte ich meine Trophäe in Richtung S-Bahn, nicht ohne draußen noch allen Wartenden mitzuteilen, dass es keine Faltboote mehr gäbe. Wenn Blicke töten könnten, hätte ich meine S-Bahn nie erreicht und ein anderer wäre Besitzer des Bootes geworden.

Aber soweit ist es ja glücklicherweise nicht gekommen. Denn sonst wären die folgenden Erlebnisse nicht passiert und dieses Buch nie geschrieben worden…

Der Aschenbecher und ein Hai
Saale 1979

Wenn man Dinge beginnt, dann muss man sie auch richtig zu Ende führen. Mit halben Sachen hatte ich mich noch nie zufrieden gegeben. Jetzt besaßen wir ein eigenes Boot und wollten es auch nutzen. Wir paddelten im Frühling über die Spree und den Müggelsee und trainierten so für die großen Fahrten und Abenteuer, die wir immer noch im Blick hatten.

Als äußerst erfahrener Saalefahrer schlug ich vor, einen zweiten Anlauf auf diesem Fluss zu unternehmen und es dabei bis Naumburg zu schaffen. Meine Frau war begeistert, und mein Vorjahresbegleiter Klaus wollte auch wieder dabei sein. Fehlten nur noch ein „zweiter Mann" für ihn und ein Boot. Da meldete mein ehemaliger Studienkollege Horst, genannt Holmes, ebenfalls großes Interesse an, die Kunst des Paddels erlernen zu wollen. Also wurde ein zweites Boot geborgt und ab ging es zu viert nach Saalfeld.

Das Aufbauen der Boote war inzwischen ein Kinderspiel, ruck zuck war alles bereit und wir beschlossen, noch bis Rudolstadt vorzufahren. Der Zustand der Schwarza hatte sich innerhalb eines Jahres total geändert. Sie war nun nicht mehr tiefschwarz – sondern blau. Ja, sicher erscheint das Wasser durch die Lichtbrechung immer blau. Aber dieses Blau war eher von einer unglaublichen chemisch-türkisen Intensität. Und der herrlich azurfarbene Schaum an der Mündung der Schwarza zeigte zumindest, dass in dem Chemiefaserwerk gearbeitet wurde. Wahrscheinlich diesmal an Stoffen für Blue Jeans..

Klaus und ich wussten aus Erfahrung, dass man die Stufe hinter Schwarza prima runter fahren kann und mit Juchei ging es über die Schwelle. Meine Frau und Holmes machten indes ihre erste wässrigwehrhafte Erfahrung. Allerdings hatten wir nun Spritzdecken über die Bootsöffnungen gespannt, um das nicht nur intensiv blau-türkise sondern auch noch stinkende Wasser aus unseren Booten fernzuhalten.

Gemütlich näherten wir uns Rudolstadt und hielten Ausschau nach einem Zeltplatz.

Kurz hinter dem Wehr von Rudolstadt, wir waren gerade wieder so richtig in Fahrt, entdeckten wir einen Angler am Ufer, der uns freundlich grüßte und darauf einen kräftigen Schluck aus seiner Bier-flasche nahm. Wie man weiß, führt das Trinken von Bier durch andere ungefähr zeitgleich zu schwerem Durst beim Betrachter. Also fragten wir vom Flusse her, ob er immer alleine trinken würde. Der Angler verneinte, zeigte auf einen Kasten am Ufer und bat spontan um Hilfe bei der Leerung des Selben. Wir ließen uns das natürlich nicht zweimal sagen und legten an.

Der Angler war ein sehr freundlicher Rudelstädter, wie sich hier Einheimische zu nennen pflegen, und hatte einen Garten nebst kleiner Laube direkt am Ufer der Saale. Nach dem üblichen Hallo und woher und wohin stießen wir mit dem wohl verdienten Bier auf den gelungenen Start unserer Saalefahrt an. Es blieb natürlich nicht bei dem einen, der Abend schritt voran und wir mussten uns nun ernsthaft Gedanken um das Nachtquartier machen. Und wie wir insgeheim gehofft hatten, lud uns der Angler in seine Laube ein, so dass wir das Zelt gar nicht erst aus dem Boot holen mussten.

Damit nicht genug, er spendierte uns auch noch, gemeinsam mit seiner Frau, in einer nahe gelegenen Gaststätte ein Abendessen. Und beim Thüringer Rostbrätel erfuhren wir, dass die beiden in der Porzellanmanufaktur in Rudolstadt arbeiteten. Wohl ob unseres Interesses luden sie uns für den nächsten Morgen zu einer Privatführung durch die Selbe ein.

Nach einer zwar unbequem auf harten Sesseln und zu kurzer Couch verbrachten Nacht überraschte uns unser Gastgeber ein weiteres Mal – diesmal mit frischen Brötchen. Nach dem Frühstück ging es zur Besichtigung auf den Berg mit der berühmten Heidecksburg und wir bestaunten die Arbeit der Porzellanmaler. Kanu fahren täte ihren feinen Händen sicher nicht sehr gut. Zum Abschluss verabschiedete sich unser neuer Freund noch mit einem Geschenk für jeden von uns, einem kobalt-blauen filigranen Porzellanaschenbecher.

Einmal abgesehen davon, dass nur Holmes als Raucher für den Aschenbecher eine artgerechte Verwendung hatte, stellte sich die Frage, wie wir den Karton mit den Geschenken im Boot verstauen konnten, ohne das etwas kaputt ginge. Irgendwie passte er nicht hinein, sondern nur hinten drauf gebunden. Also packten wir den Karton aus und jeder war für seinen Aschenbecher nun selbst verantwortlich.

Nach diesen wundervollen Erlebnissen ging es nun flott voran. Das Baumhindernis in Orlamünde und auch alle Wehre waren immer noch da und mussten bezwungen werden. Wir übernachteten in Kahla im Zelt auf einem Betriebsgelände, wo wir am nächsten Morgen für erhebliches Aufsehen sorgten und fuhren weiter bis nach Jena.

Diesmal gab es keinen Kosmonauten, der uns begrüßen wollte. Aber auch keinen Zeltplatz weit und breit. Wir fuhren bis zum Wehr in die Stadtmitte und hofften dort den Sportplatz nutzen zu können.

Als wir ankamen, sahen wir jedoch, dass dort schon alles mit Zelten und Fahrzeugen belegt war. Die (ost)deutschen Feuerwehrmeisterschaften machten uns einen Strich durch die Rechnung. Na prima!

Wir hatten auch gehofft, die Sanitäreinrichtungen auf dem Sportplatz nutzen zu können, da dies bitter nötig war. Im Fluss wollten wir uns nicht waschen, eingedenk unserer Erfahrungen mit dem Saalewasser in Schwarza. In Kahle konnten wir uns am Stadtbrunnen wenigstens die Zähne putzen. Aber da wir nun auch eine Frau an Bord hatten, wurde die Frage der Hygiene ernsthaft diskutiert und führte zu dem überaus weisen Entschluss, in Jena keine Kompromisse einzugehen.

Wir verstauten die Boote unter der Saalebrücke, schnappten unsere Plastiktüten mit den Klamotten, zogen Richtung Innenstadt und betraten das Interhotel Jena. Der Blick des Mannes an der Rezeption bleibt für immer unvergessen, und, dass wir nicht gleich wieder raus flogen grenzte an ein Wunder.

Man stelle sich vor: Vier ziemlich dreckige Zeitgenossen in nassen Klamotten, die Haare durcheinander, und wahrscheinlich immer noch unangenehm nach blauem Schwarzawasser riechend, stehen im nobelsten Haus am Platze. Doch zu unserem größten Erstaunen bekamen wir zwei Zimmer im Hotel. Welche Wonne waren Dusche und Badewanne. Und die Hotelbar erst. So etwas hatten wir noch nie gesehen. Und teuer war es, aber wir wollten es mal so richtig krachen lassen.

Der geneigte Leser wird nun fragen, wann nun endlich der Hai kommt. Achtung, er erscheint mit Macht und Kraft.

Jetzt waren wir in der gleichen Situation, wie ein Jahr zuvor. Aufhören oder weiter fahren? Diesmal traf das Wetter für uns die Entscheidung. Strahlend blauer Himmel und angenehme Temperaturen sorgten am nächsten Morgen für gute Laune und außerdem waren es ja nur noch zwei Etappen bis Naumburg. Heute sollte es bis Camburg gehen, wo wir auch ankamen, nur wie!

Baumhindernis auf der Saale bei Orlamünde

Die Landschaft entlang der Saale war großartig. Die steilen Hänge von Dornburg mit den gleichnamigen Schlössern kamen in Sicht. Grund genug, eine Pause einzulegen und sie zu besichtigen, wie es schon Goethe auf seinem Weg nach Camburg getan hatte.

Und da tauchte der Hai auf und griff uns harmlose Kanuten an. Irgendetwas kratzte an unserem Boot und wir wurden leicht nach rechts gedrückt. Da war was unter Wasser. Etwas Großes! Ich rief Klaus und Holmes im nachfolgenden Boot zu, sich sollten sich möglichst weit rechts halten, doch der Hai war schneller. Es gab ein Geräusch vergleichbar mit dem Krachen einer Stoffnaht beim Bücken eines Mannes, der zuviel Arsch in der Hose hat.

Nur war das Ergebnis hier viel dramatischer und nicht gerade ein Grund zum Lachen. Das zweite Boot sank in atemberaubendem Tempo. Wir drehten um und fuhren so schnell es ging zu den zwei Schiffbrüchigen zurück. Die reichten uns ihre Klamotten, Zelt, Schlafsäcke, Kleinkram usw. Da war ihr Boot auch schon voll Wasser und am linken Ufer gestrandet. Klaus und Holmes retteten sich nass bis auf die Haut an Land. Viel schlimmer aber war: Sie standen am falschen Ufer, am Fuß einer steil aufragende Kante, übersät mit riesigen Brennnesseln.

Meine Frau und ich, ihnen gegenüber am rechten Flussufer, versuchten, unser stark überladenes Boot an Land zu ziehen. Den Zweien auf der anderen Seite blieb nichts anderes übrig, als sich erneut in die Fluten zu stürzen und zu uns zu schwimmen. Darauf kam es nun auch nicht mehr an, sie waren ja sowieso schon nass. Wir zogen das in Seenot geratene Boot aus dem Wasser und besahen den Schaden – ein Riss von über zwei und einem halben Meter Länge ging komplett durch die Haut. Keiner hatte eine Ahnung, was passiert war. Ich bin bis heute überzeugt: Es war ein Hai!

Da standen wir nun ratlos auf einem Kartoffelacker, zehn Kilometer vor Camburg. Für Klaus und Holmes kam es noch dicker: die Klamottenbeutel waren undicht und damit auch die Wechselsachen klatschnass. Und wieder einmal war die Fahrt hier beendet und wir hatten es nicht bis Naumburg geschafft.

Was noch zu bemerken ist: Ein Schweinetransporter nebst Traktor und Bauer brachte uns und unser Gepäck zum Bahnhof nach Camburg, wo wir einen Zug zurück nach Berlin erwischten.

Saale bei Dornburg

Nachdem wir zu Hause alle Sachen ausgepackt hatten, war uns klar, warum der Hai uns angegriffen hatte. Er war scharf auf die blauen Aschenbecher gewesen, denn von dieser Stunde an vermissten wir drei dieser wertvollen Stücke. Vielleicht liegen sie aber auch noch auf dem Grunde der Saale und werden dereinst Zeugnis von unserem großen Abenteuer ablegen...

Der Hai hat zugeschlagen – alles nass kurz vor Camburg

Transport zum Bahnhof mit dem Schweinetransporter

Von großen und kleinen Rädern
Weiße Elster 1980

Die Erfindung des Rades war ein großer Schritt für die Menschheit. Sogar das berühmte Mondauto konnte ohne diese rollenden Teile keine Spuren im Staub des Mondes hinterlassen. Normalerweise hat das nichts mit Booten gemein, denn beide brauchen sehr unterschiedliche Bedingungen für ihre Nutzung, die einen Wasser, die anderen Boden. Aus deren Kombination ist das Amphibienfahrzeug entstanden, das sich aber im zivilen Leben nie richtig durchsetzen konnte

Leider muss aber auch ein Boot ab und zu festen Boden unter dem Kiel haben. Dabei kann ab und zu auch sehr oft bedeuten, weil man Wasserstrecken, die man befahren will, nicht befahren kann. Manchmal ist zu wenig Wasser im Fluss, ein anderes Mal ist es zuviel. Und ab und zu müssen die Boote vom Bahnhof zum Gewässer oder auch wieder zurück transportiert werden. Oder ein Stück einer Etappe ist so wild, dass man lieber darum herum trägt oder noch besser – rollt.

In Vorbereitung unserer Tour zur Weißen Elster hatten wir uns genau mit diesem Problem auseinanderzusetzen. Uns war klar, dass wir die Boote um das Wildwasserstück „Steinicht" herum tragen mussten. Warum dieses Stück „Steinicht" heißt, bleibt mir bis heute verschlossen, wimmelt es doch gerade von Steinen nur so im Fluss. Mit Faltbooten diesen Abschnitt zu befahren verbot sich von selbst, wollte man nicht den Totalverlust der wertvollen Zweier riskieren.

Wir musste also eine Möglichkeit finden, diese ungefähr vier Kilometer lange Strecke an Land zu bewältigen, ohne an Entkräftung einzugehen.

Das Einfachste wäre gewesen, einen Bootswagen zu kaufen. Dieser war aber erstens teuer und zweites ziemlich groß und schwer. Er besteht im Allgemeinen aus einem Gestell aus Holz und, so wird es sich noch herausstellen, den wichtigsten Teilen eines Wagens – zwei guten großen luftbereiften Rädern, wie man sie von Kinderluftrollern kennt. Dieser Bootswagen lässt sich auseinander bauen und im Boot verstauen.

Man kann ihn aber, falls er des Öfteren zum Einsatz kommen soll, auch hinten auf das Boot binden, wenn man ihn nicht ständig auseinander nehmen will. Aber alles in Allem ist das eine ziemliche umständliche Prozedur.

Aufgeschnallter Bootswagen auf dem Heck eines Zweiers

Wir wären keine guten Ingenieure, hätten wir uns nicht vorgenommen, dieses Problem einfacher und billiger zu lösen. Bei einer heftigen Diskussion und unter zu Hilfenahme den Geist beflügelnder Getränke hatte Matthias schließlich die zündende Idee. Zwei kleine Gestelle mit je zwei kleinen Vollgummirädern waren zu bauen, die man einfach vorn und hinten unter das Boot legen würde und schon könne man das Boot bequem über Land ziehen. Diese Konstruktionen ließen sich auch sehr bequem im Boot unterbringen und wären bei Bedarf immer schnell zur Hand.

Gesagt, geplant, gebaut und ab mit dem Zug und dem ganzen Expeditionskram ins Vogtland nach Barthmühle an der Weißen Elster. Von dort wollten wir bis nach Gera paddeln. Schnell waren die Boote aufgebaut, da wir inzwischen ja erfahrenen Kanuten waren. Diesmal gingen drei Boote an den Start, denn das Interesse unseres Freundeskreises an den eigenartigen Dinge, die wir taten, wurde immer größer und somit stiegen die Teilnehmerzahlen. Jeder der schon einmal im Boot saß und wusste wie die Dinge so liefen, nahm einen Anfänger mit. Holmes fuhr mit Karl (in bestimmten Kreisen auch Stimmungskarl genannt!), Klaus mit Matthias und ich mit meiner Frau.

Vom Bahnhof bis zum Fluss war eine asphaltierte Straße zu benutzen und mit unseren neuen schicken kleinen Bootsgestellen rollten wir prima bergab. Bis ein Gleis unsere Straße kreuzte, in dessen Schienen die Rädchen sofort hängen blieben. Da hatte ich bereits ein komisches Bauchgefühl, das heute noch irgendetwas mit unseren Bootswägelchen passieren würde.

Kleine Räder mit Problemen

Vier Tage vor unserem Start hatte es im Vogtland noch einmal mächtig gewaltig geschneit und die Reste davon waren am Ufer und auf den Feldern präsent oder hatten beschlossen, alle gleichzeitig zu tauen und in die Weiße Elster abzulaufen. Zu allem Überfluss, und dies im wahrsten Sinne des Wortes, regnete es auch noch in Strömen.

Entsprechend hoch waren der Wasserstand und die Strömung des Flusses. Für uns bedeutete das, uns mit größter Vorsicht auf dem Wasser zu bewegen, denn wir durften auf keinen Fall die letzte Anlegemöglichkeit vor dem berüchtigten „Steinicht" verpassen, wollten wir gesund und munter und möglichst mit unseren Booten die nächsten Etappen erleben.

Wie wurden immer schneller, die Wellen wurden immer höher, ein untrügliches Zeichen dafür, den „Steinicht" erreicht zu haben. Oder waren wir schon mitten drin? Steine sahen wir keine mehr, wie auch, bei diesen Wassermassen.

Wir legten mit größter Mühe an, um uns zu orientieren. Uff, was für ein Strom. Wir brauchten nicht lange zu überlegen und beschlossen, von nun an, den Landweg zu benutzen. Die Stunde der Bootswagen war gekommen.

Locker unterwegs mit großen Rädern

Start an der Weißen Elster bei strömendem Regen

Noch während Holmes und Karl ihr mächtig teures gekauftes Exemplar aus dem Boot hervorkramten und zusammenbauten, waren wir mit unseren neuen Untergestellen schon bereit zur Abfahrt. Wir beschlossen, erst mal vorzugehen und die Lage, sprich den Weg, zu erkunden. Wenn denn da einer gewesen wäre. Wir fanden jedenfalls keinen, nur überschwemmte und völlig verschlammte Wiesen als Folge des ablaufenden Hochwassers.

Bereits nach fünf Metern hatten sich unsere kleinen Vollgummiräder in den Morast gefräst und rollten nicht mehr. Na gut, kann ja mal passieren. Wir buddelten sie wieder aus und machten einen zweiten Versuch, mit dem gleichen Ergebnis. Immerhin hatten wir nun schon zehn Meter von viertausend geschafft und bereits jetzt, wenn auch erst einmal heimlich und in Gedanken, eingesehen, dass schöne luftbereifte Räder etwas ganz großartiges sind. Und dann rollten in diesem Moment auch noch Holmes und Karl, mit einem teuflischen Grinsen im Gesicht, locker den Matsch durchpflügend auf ihren Rollerrädern an uns vorbei.

Beim dritten Versuch schafften wir es dann immerhin fünfzehn Meter weit. Im Ergebnis waren zwei der vier Radaufhängungen verbogen und ohne schwere Pannenhilfe nicht mehr zu reparieren. Ende und aus. Immerhin gab es ja noch den wunderschönen luftbereiften Wagen unserer Kumpels, die interessiert unser Treiben beobachteten und nicht mit fachmännischen Ratschlägen geizten, wie:

„Einem Inschenör ist nichts zu schwör"
„ Wer sein Boot liebt, der schiebt".

Schließlich boten Sie uns an, immer etappenweise die einzelnen Boote zu transportieren.

Da es weiterhin wie aus Eimern regnete, ziemlich kalt und unser Lustpegel bereits auf den Nullpunkt gesunken war, lies die Aussicht auf weitere drei Stunden Plackerei erst recht die Laune in den Keller sinken. Nein, das wollte ich mir auf gar keinen Fall antun und fasste einen Entschluss, der für mein weiteres Kanutenleben weit reichende Folgen haben sollte.

Meine Frau und ich ließen unseren Faltbootzweier zu Wasser und griffen unter angstgefüllten Protestrufen der restlichen Mannschaft nach unseren Paddeln. Hui, das ging ab wie die Feuerwehr. Die Wellen wurden größer und größer, unglaubliche Wassertäler, in denen wir verschwanden.

Ab geht die Post!

Unglaublich viel Wasser

Da waren sie nun, die berühmten Löcher auf dem Wasser. Gerumpel und Gerappel am, unterm und im Boot. Zu allem Überfluss ging mir in der Hektik auch noch das Steckpaddel auseinander. Eine Hälfte verschwand in den Fluten. Geistesgegenwärtig griff ich ins Wasser und – Glück im Unglück – ich erfasste das schwimmende Teil, steckte mein Paddel zusammen und versuchte weiterhin, das Boot irgendwie oben zu halten.

40

Das war nicht einfach, denn inzwischen lief das Wasser an allen Ecken trotz der Spritzdecke ins Boot. In dem Getöse war eine Ver-ständigung mit der Vorfrau unmöglich. Es war nur noch eine Frage der Zeit, dann würde es vorbei sein mit uns und dem Boot...

Plötzlich herrschte Stille. Es war vorbei. Nicht mit uns und auch nicht mit dem Boot. Wir befanden uns in relativ ruhigem Wasser, dem Anstau des so genannten Gippewehres. Wir hatten es geschafft, ohne über Bord zu gehen. Ein Blick auf die nasse Uhr verriet uns, dass wir die vier Kilometer in ganzen siebzehn Minuten runtergerauscht waren.

Wir fühlten uns wie die Könige des Wassers. Hatten wir doch mutig und sportlich zugleich in Rekordzeit dieses Abenteuer bestanden, während die anderen feige mit luftbereiften Rädern durch den Wald schoben und nach drei Stunden endlich ankamen.

Da waren wir schon umgezogen und hatten ein trockenes Quartier im alten Wasserkraftwerk Gippe aufgetan. Hubert und Gabi, die später zu guten Freunden wurden, hatten uns mit heißem Kaffee versorgt und versichert, dass noch nie jemand bei so einem Wasserstand mit einem Faltboot den „Steinicht" bezwungen hatte. Goldmedaille sozusagen.

Fazit der Aktion war also folgende fundamentale Erkenntnis: Bei Booten sagt man, Länge läuft, also ein langes Boot gleitet besser durch das Wasser als ein Kurzes. Bei Rädern muss es nun heißen, Größe rollt und luftbereifte noch dazu.

Welche Folgen dieses Erlebnis nun für mein weiteres Kanutenleben hatte? Erstens war nun klar, dass Wildwasser fahren viel mehr Spaß macht als langweiliges Flusstreiben. Zweitens legten wir uns sofort einen wunderbaren luftbereiften Bootswagen zu, der uns gar nicht mehr so teuer vorkam. Schließlich hat uns Drittens genau dieser Bootswagen einmal vor allergrößten Schwierigkeiten mit der DDR-Grenzpolizei gerettet.

Und das kam so.

Während der Internationalen Donaufahrt 1981 TID (Tour International Danubien) lernten wir ein Paar aus Linz in Österreich kennen, mit dem uns bis heute eine Freundschaft verbindet. Diese Kanufahrt führte eigentlich von Ingolstadt bis ans Schwarze Meer und wurde von den jeweiligen Anliegerstaaten auf den entsprechenden Etappen in ihrem Land betreut.

DDR-Kanuten durften von Bratislava bis Budapest an der Fahrt teilnehmen.

Alle anderen Etappen waren für uns nicht zugelassen, da wir ja in Jugoslawien hätte anlegen oder über das Schwarze Meer in die Türkei flüchten, vielleicht stromauf nach Österreich und weiter bis in die Bundesrepublik Deutschland paddeln können oder was auch immer die DDR-Oberen befürchteten.

So warteten wir in Bratislava auf das Eintreffen des „westlichen" Fahrerfeldes. Gemeinsam ging es dann weiter in Richtung Budapest. Da Gespräche mit freiem Gedankenaustausch auf dem Wasser nicht unterbunden werden konnten, entwickelten sich in kurzer Zeit allerhand interessante Konversationen zwischen den deutschsprachigen Teilnehmern.

Meine Frau und ich kamen so mit Edi und Elisabeth ins Gespräch. Unterhielten uns in den nächsten zehn Tagen über Gott und die Welt, Kinder und das Leben im Allgemeinen und im Besonderen. Das Besondere war unser schöner Faltboot-Zweier von Pouch. Die Österreicher hatten einen von Klepper aus Rosenheim, der etwa fünfzig Zentimeter kürzer als der Pouchzweier war und sich nicht so gut steuern ließ (Länge läuft, wie wir ja wissen). Sie kannten den Pouchzweier aus dem Quellekatalog. Dort kostete er so etwa eintausend harte Westmark, zuviel für die Österreicher. Mit der Zeit entstand der Plan, auch für Edi und Elisabeth einen Pouchzweier zu besorgen.

So geschah es. Ostern des darauf folgenden Jahres pilgerte ich nochmals zur Wassersportausstellung nach Grünau. Diesmal zwei Stunden früher und ausgerüstet mit Klappstuhl, Thermoskanne und grenzenlosem Optimismus. Ich erstand tatsächlich einen Pouchzweier und bezahlte dafür sechshundert DDR Mark. Im Sommer fuhren wir mit unserem und dem nagelneuen Faltboot wieder zur Donautour. Edi und Elisabeth hatten ihr Auto in Budapest stationiert und kamen mit dem Zug nach Bratislava zurück. Dort stiegen sie nun in ihr gutes Stück ein und belohnten uns mit sechshundert Westmark. So weit, so gut.

Gemeinsam ging es bis Budapest. Dort verabschiedeten wir uns wieder, Edi und Elisabeth luden ihr neues Boot in ihre Ente und machten sich auf den Weg nach Österreich. Wir fuhren mit dem Zug nach Bratislava zurück, wo wir unseren Trabi stationiert hatten, und zuckelten in Richtung Heimat und zum Grenzübergang Zinnwald.

Links unser altes Boot, rechts das neue Boot für Österreich

Dort wurden wir schon erwartet. Nach der üblichen Gänsefleischfrage (Gännse vleischt ma dn Gofferrohm effnen) mussten wir alles, was sich im Auto befand, auspacken.

Sämtliches Gepäck wurde am Grenzübergang entlang verteilt. Die Burschen nahmen das Auto auseinander und fanden nichts. Blieb also nur das Boot auf dem Dachgepäckträger. Alles wurde ausgepackt, die Stabtasche mit dem Gestänge vollständig entleert, die Bootshaut ausgebreitet und auf das Genaueste untersucht und – sie fanden auch dort nichts.

So konnten wir nach zwei Stunden Aufenthalt alles wieder verstauen. Ohne uns eine schöne Weiterfahrt zu wünschen, öffneten die Grenzer den Schlagbaum und ließen uns passieren. Uff geschafft! Gerettet und grinsend fuhren wir schnell weg.

Was hatten sie wohl gesucht? Etwa das gute Westgeld? Wie auch immer sie davon erfahren hatten, wer auch immer es ihnen verriet – es wird wohl ihr Geheimnis bleiben.

Der Leser vermutet es vielleicht schon. Wir hatten in Erahnung von grenztechnischen Problemen die Luft aus den wundervollen Reifen des Bootswagens abgelassen und die Geldscheine zwischen Schlauch und Mantel eingeklemmt. Dann wurden die Räder wieder straff aufgepumpt und so hatten wir das sicherste Versteck gefunden.

Und was noch zu sagen ist: Unser nagelneue Boot war zufällig durch eine Hochwasserwelle vom nahen Ufer gespült worden und nicht mehr aufzufinden. So zumindest erklärten wir es der Hausratversicherung, die es glaubte und uns sechshundert DDR-Mark bezahlte. Ein tolles Geschäft oder vielleicht auch eine tolle Geschäftsidee…

Bergwandern mit der Brockenhexe
Bode 1980

Schon immer hat der Harz mit seinem Brocken und den Geschichten um denselben das Volk fasziniert. Besonders die Brockenhexe hat mit seltsamen Anwandlungen für allerhand Unruhe dort gesorgt. Wäre sie aber auf dem Brocken geblieben, hätte ich diese Geschichte gar nicht schreiben können. Aber nein, sie musste zum Hexentanzplatz nach Thale ausweichen und uns das Leben schwer machen. Alles was in dieser Geschichte passiert, muss mit der Brockenhexe zusammenhängen, davon bin ich bis heute ganz fest überzeugt....

Eines schönen Tages und mutig durch die Erfahrungen auf der Weißen Elster hatten wir die großartige Idee, mit den Faltbooten die Bode zu besuchen, und zwar auf einem Abschnitt, der normalerweise gar nicht, und wenn, dann mit Kajaks befahren wird. Angestachelt wurden wir auch durch einen Artikel in der ostdeutschen Zeitschrift „Kanusport", in der über einen Teil der Bode oberhalb der Talsperre Wendefurth berichtet wurde. Da kann ja jeder fahren, sagten wir uns. Deshalb wollten wir es unterhalb angehen.

Unser Freund Olaf hatte gut lachen, vielleicht auch heimliches Auslachen, denn er war mit seinem GfK-Kajak angereist und beobachtete den Aufbau der Faltbootflotte mit listigem Vergnügen. Flotte war das richtige Wort. Am Start waren zwei Faltbootzweier. Meine Frau und ich, Karl und Matthias, Dieter im Faltbooteiner und Olaf im Kajak.

Unterhalb des Wehres hinter der Talsperre Wendefurth setzten wir unsere Boote ins Wasser und legten los. Nach vier Kilometern in Altenbrak war schon alles zu Ende – zumindest für diesen Tag. Was war passiert? Von oben stürzte direkt vor uns ein Wasserfall in den Fluss. Nicht etwa seitlich aus dem Berg heraus, nein, direkt quer über den Fluss. In einer Wasserrinne, die offensichtlich einen Bach über die Bode zu einer alten Mühle leiten sollte, schoss das Wasser quer über den Fluss. Und da die Wasserrinne entweder uralt oder aber aus kommunistischem Materialmangel nicht mehr repariert worden war, schoss das Wasser auf ganzer Breite wie ein flüssiger Vorhang von oben in den Fluss.

Der Wasserfall über der Bode

Nach kurzem Zögern beschlossen wir, weiterzufahren. War doch nur Wasser und nass waren wir ja sowieso schon. Also Augen zu und durch! Und das im wahrsten Sinne des Wortes. Hätten wir bloß eine Taucherbrille benutzt, dann hätten wir unser Unglück kommen sehen oder vielleicht sogar verhindern können.

Direkt hinter dem Wasserfall lagen quer über dem Fluss mehrere Bäume und versperrten die Durchfahrt. Wir schossen mit heftigem Tempo darauf zu. Olaf schaffte es, im beweglichen Kajak eine Lücke im Geäst zu finden und kam heil durch. Dieter im Einer schaffte die Lücke nicht ganz und blieb hängen. Mit ein wenig Gehoppel kam er aber weiter. Doch unsere beiden Zweier konnten nichts mehr machen und rauschten voll ins Geäst. Matthias und Karl kenterten sofort, das Boot lief voll und verdrehte sich unter die Bäume. Nachdem das Boot geborgen war konstatierten wir einen Totalschaden.

Blieben noch meine Frau und ich im anderen Zweier. Wir hingen ebenfalls fest, saßen aber noch im Boot. Die verunfallten Sportfreunde eilten uns zu Hilfe, doch das Wasser drückte von hinten ins Boot und dieses lief langsam voll. Wir soffen ab. Mit Mühe konnten wir das Boot bergen, ohne einen zweiten Totalschaden zu erzeugen. Der Tag war gelaufen. Nach einigen Bieren in einem Lokal in Altenbrak, wo man uns ziemlich misstrauisch ob unserer nassen Klamotten beäugte, hatten wir jedoch wieder Mut gefasst und planten den nächsten Tag.

Matthias erklärte, sich beim Untergang angeblich so schwer am Arm verletzt zu haben, dass er sich mit Karl nur noch zu Fuß auf den Weg nach Thale machen könne. Das Boot war sowieso hinüber.

Er wollte uns kurz vor dem Bodekessel, einem unbefahrbaren verblockten Canyon, erwarten und einen Anlegeplatz finden, der für uns ungefährlich sein sollte. Diese glorreiche Idee sollte uns im Verlauf der Tour noch teuer zu stehen kommen. Der Rest der Truppe stieg in die Boote und fuhr los. Obwohl der Einer bald darauf kenterte, kamen wir gut voran. Leichte Wildwasserpassagen, die auch vom Zweier gut befahren werden konnten, würzten die Strecke. Ab und zu ein wenig Hektik an verblockten Stellen, auch einmal ein Aussteigen. Aber eigentlich alles problemlos und dafür ungemein spannend. Eine Freude, auf so einem Wasser unterwegs zu sein.

Urplötzlich stand Matthias am Ufer, wild mit den Armen fuchtelnd und Alarm schreiend. Er hatte das Ende der befahrbaren Strecke ausgemacht und hielt eine Weiterfahrt nur für Lebensmüde möglich. Wir glaubten ihm und legten vor einer unübersichtlichen Kurve an.

Festgefahren!   Steuer kaputt

Im Faltboot unterwegs!

Olaf im Kajak unterwegs!

Obwohl uns unser Gefühl sagte, dass der Weg zum Bodekessel noch ziemlich weit sein müsste. Olaf fuhr erst einmal weiter, er ist ja auch ein Spezialist im Kajak.

Wir hatten uns vorgestellt, dass wir die Boote auf den berühmten luftbereiften Bootswagen laden und um den Bodekessel herum bis zu unseren Autos rollen würden. Doch erstens kommt es anders und zweitens als man denkt. Der Bootswagen ließ sich nicht benutzen, der Weg bestand nur aus hintereinander gelegten Felssteinen, die in Stufen bergauf und bergab führten. Was sollten wir nun machen? Wir steckten mitten im Bodetal, ein Zurück gab es nicht.

Wir schleppten die Boote – Vier Mann, vier Ecken die Serpentinen rauf und runter. Das Zeitgefühl hatten wir inzwischen verloren. Es war eine fürchterliche Plackerei, Bergwandern mit Faltbooten sozusagen. Die normalen Wanderer ohne Boot betrachteten uns mit erstaunten, manchmal auch entsetzten Augen. Wir waren uns ganz sicher, wir hatten die Erstbegehung des Bodetals mit Faltbooten geschafft. Aber die größte Verstimmung sollte sich erst später bei uns einstellen.

Eigentlich war die Plackerei der Grund für unsere schlechte Laune. Matthias jedoch war der eigentliche Übeltäter. Wir schauten auf die Bode und was sahen wir? Einen herrlichen Fluss, der sich liebreizend durch das Tal schlängelte.

Leichte Wildwasserpassagen, die auch vom Zweier gut hätten befahren werden können, würzten die Strecke. Ab und zu wäre ein wenig Hektik an verblockten Stellen aufgekommen, auch einmal ein Aussteigen. Aber eigentlich alles problemlos und dafür ungemein span-nend. Eine Freude wäre es gewesen, auf so einem Wasser unterwegs zu sein. Wenn da nicht Matthias...

Der Fluss wäre weiterhin gut befahrbar gewesen. Nur Matthias in seiner unendlichen Unterschätzung unserer, oder vielleicht der richtigen Ein-schätzung seiner Fähigkeiten, hatte es für gut befunden, uns als Sherpas für Faltboote einzuteilen. Zum Fluss zurück konnten wir auch nicht mehr, denn wir befanden uns mittlerweile achtzig Meter höher über ihm auf der Serpentinenwanderstrecke.

Schlepperei mit Booten im Bodetal

Der Abstieg über den Serpentinenweg hinunter zum Bodekessel war eine besonders heftige Mordsplackerei. Die Kehren waren so steil und spitz, dass wir mit unserem fünf Meter fünfzig langen Boot nicht richtig um die Kurven kamen. Wir mussten das Boot an jeder Kehre erst einmal ein Stück an der Felswand oder am Hang hochschieben und dann in entge-gen gesetzter Richtung den Weg weiter abwärts nehmen. Diese Prozedur wiederholte sich einundzwanzig Mal.

Gefühlt waren es mindestens einhundert Kehren. Nur die Brockenhexe, und das glaube ich noch immer, konnte uns diese Plackerei verpasst haben, da wir wohl ihre Ruhe störten.

Als wir dann nach insgesamt sechs Kilometern wieder unten am Fluss waren, konnten wir unser Glück kaum fassen, wir durften endlich diesen wunderbaren luftbereiften Bootswagen benutzen. Den Rest der Etappe ließ uns die Brockenhexe in Ruhe und hatte keinen Scherz mehr auf Lager. Wir werden sie aber trotzdem nie vergessen, denn ein Paddlerleben lang muss sich Matthias nun diese Geschichte anhören und gefallen lassen, als Handlanger oder Komplize der Brockenhexe zu gelten.

Da man aus Erfahrung bekanntlich klug wird, durchwanderten wir das komplette Bodetal, bevor wir das nächste Mal auf den Fluss gingen. Da hatten wir allerdings schon Kajaks. Wir brachten an einem Baum an der wirklich letzten Ausstiegsstelle vor dem Canyon des Bodekessel eine Markierung mit Farbe an und brauchten die Boote so nur einhundert Meter weit tragen. Matthias war nicht mit von der Partie…

Ein Wal per Anhalter
Werra 1981

Sagt man nichts, gilt man als Schweiger. Sagt man zu viel, gilt man als Schwätzer. Redet man ohne Sinn sollte man besser nichts sagen. Redet man gestelzt, sind es meist nur Worthülsen. Und manchmal ist viel geredet auch zuviel gesagt.

So geschah es im Herbst 1980. Ich hatte zu dieser Zeit ein Engagement beim Fernsehen der DDR als Moderator einer Art Nachrichtensendung für Kinder. In einer dieser Sendungen kommentierte ich als erfahrener Kanute einen Bericht über die Kanurennen der Olympischen Spiele 1980 in Moskau. Dabei sollten den Kindern und Jugendlichen die verschiedenen Bootsklassen näher gebracht werden. Zum Schluss und fast schon im Abspann ließ ich dann ganz nebenbei noch die Bemerkung fallen, dass wir auf dem Fluss Werra im nächsten Frühjahr eine Kanutour unternehmen werden.

Ich hatte dem keine große Bedeutung beigemessen. Aber andere Zuschauer der Sendung wohl doch, wie wir Monate später bemerken sollten.

Aber der Reihe nach.

Nach guter Planung und Organisation machten wir uns also in der ersten Maiwoche des Jahres 1981 auf den Weg in die Rhön, um die Werra von Themar bis nach Dorndorf zu befahren. In Dorndorf war auf jeden Fall Schluss, da die Werra dort in Richtung Bundesrepublik Deutschland aus der DDR in den Westen floh.

Unsere Boote hatten wir mit der Bahn nach Themar vorgeschickt. Nach einer Nacht in einem Bootshaus in Meinigen fuhren wir am nächsten Morgen den Booten mit dem Zug hinterher und zu unserer Überraschung waren die Boote sogar in Themar angekommen. Allerdings nicht mehr so, wie wir sie verpackt hatten. Entweder waren die Bootstaschen unterwegs aufgegangen oder jemand hatte unbedingt in den Säcke nachschauen wollen, was da wohl Geheimnisvolles drin sein könnte. Auch wenn das Unterste obenauf lag, war wohl noch alles da und nichts geklaut.

Wir bauten die Boote unter dem Bahnhofsdach auf, denn das Wetter war ein kanuten-typisches – Regen und Gegenwind. Letzterer war zumindest beim Aufbau der Boote kein Problem, dafür der Regen umso mehr. Niemand von uns wollte schon nass werden, bevor wir überhaupt im Boot saßen. In strömendem Regen rollten wir (man beachte: mit den wunderbaren luftbereiften Bootswagen) durch Themar.

Auf dem Weg zur Werra

Am Fluss angekommen, fanden wir noch die Hinterlassenschaften der Frühjahrssturzfluten aus dem Gebirge vor. Wohl durch den Regen und auch das restliche ablaufende Wasser aus der Rhön, war der Wasserstand erstaunlich hoch. Aber er muss Tage zuvor noch viel höher gewesen sein.

Kleingärtner und anderen liederliche Anrainer eines Flusses finden ein Hochwasser ja ganz in Ordnung, werden doch Garten und Feld von den Hinterlassenschaften der Zivilisation gereinigt. Weiter oben im Geäst der Bäume hing jedoch der ganze Dreck, von Papier und Pappe bis zu Plastiktüten und anderem modernen Siedlungsmüll. Überall war dieser Mist gegenwärtig. Sogar Benzinfässer und eine alte Badewanne säumten das Ufer.

Wir waren ja von den verschiedenen Flüssen in der DDR schon einiges gewöhnt, aber solchen Unrat in einer relativ zivilisationslosen Gegend überraschte uns doch sehr.

Wir beschlossen, so schnell als möglich diesen Teil des Flusses hinter uns zu bringen und Richtung Meiningen los zu paddeln. Wir, das waren in diesem Falle zwei Faltbootzweier mit meiner Frau und mir sowie Matthias und Dieter. Dazu kamen noch zwei Faltbooteiner mit Sieglinde und Gerald. Losdüsen war aber leichter gesagt als getan. Durch die Frühjahrsstürme waren am Ufer allerhand Bäume umgeknickt. Zielsicher hatten alle beschlossen, direkt in den oder über den Fluss zu fallen. So mussten neben den dreizehn Wehren auch noch unzählige Baumhindernisse umgetragen oder bezwungen werden.

Dummerweise mäandert dieser Fluss in seinem Oberlauf gewaltig. Eine Kehre folgt auf die andere. So war der Flussverlauf nach vorn nicht immer gut einzusehen. Und wie es kommen musste, so kam es auch. Sieglinde konnte vor einem Baumverhau über dem Fluss nicht mehr rechtzeitig beidrehen und wurde von der starken Strömung direkt unter die Bäume gezogen, wo das Boot kenterte und sich unter den Bäumen verkeilte.

Sie konnte nur noch schwimmend das rettende Land erreichen. Seiner Last entledigt, wobei damit keineswegs ein übermäßiges Gewicht der Kanutin angezeigt sein soll, das Gegenteil war eher der Fall, drückte sich das Boot kieloben unter den Bäumen durch und begann, heftig stromab von dannen zu treiben. Für die bereits an Land befindlichen hieß es nun, hinterher zu rennen und das Boot zu retten, bevor das nächste Wehr oder ein nächster Baumverhau demselben den endgültigen Gnadenstoß versetzen würde.

Gerald hatte seinen Einer schnell umgetragen und saß wieder drin, um die Verfolgung des flüchtenden Kahnes von dort aus aufzunehmen. Ich versuchte, diese Aktion vom Ufer aus zu unterstützen. Immer wieder sahen wir das Boot kurz auftauchen und dann wieder absaufen, ein Unkundiger hätte geglaubt, ein Wal hat sich in die Werra verirrt. Gerald bekam schließlich eine Schnur vom Boot zu packen und hielt sie fest, so gut es eben bei der Strömung ging. Ich rannte nach vorn und fand nach ca. zweihundert Metern eine Stelle, um das havarierte Boot, also den Wal, zu bergen.

Sieglindes Einer küsst die Bäume

Ich stand am Ufer bereit, sah Gerald und den an die Leine gelegten Wal kommen und – schwupp, waren sie vorbei. Es war Gerald nicht gelungen, die Fuhre an Land zu bringen. Zu stark war die Strömung und zu schwer waren die zwei Boote. Also rannte ich noch weitere ca. dreihundert Meter am Ufer entlang, bis ich die nächste mögliche geeignete Uferstelle fand.

Diesmal stellte ich mich bis zu den Knien ins Wasser, um den Wal abzufangen. Und da waren sie schon. Mit Mühe bekam ich seine Heck-flosse zu fassen und zog ihn ans Ufer. Gerald, nun von der Last befreit, konnte an derselben Stelle anlegen. Inzwischen waren auch die anderen Sportsfreunde angekommen und gemeinsam versuchten wir das Boot am steilen Ufer auf eine höher gelegene Wiese zu ziehen. Da es aber voll Wasser gelaufen war, ließ es sich zwar ein Stück hoch hieven, war aber dann mit der inneren Wasserlast einfach nicht mehr zu bewegen. So verblieb nur die radikalste aller Rettungslösungen. Mit dem Messer stachen wir erbarmungslos ein Loch in die Walhaut, so dass das Wasser ablaufen konnte und uns den Transport desselben nach oben erleichterte.

Der Wal im Wasser

Und so gelang es. Der Wal war am rettenden Ufer und Sieglinde klatschnass. Leider war dies das Geringste aller Probleme. Wie wir erschreckt feststellen mussten, hatte der Wal einen Totalschaden. Die Wirbelsäule und zwei Gräten waren gebrochen. Das eingeschnittene Loch hätten wir ja noch leicht mit Klebeband reparieren können, aber diesen Skelettschaden mit den uns zur Verfügung stehenden Bordmitteln nicht.

Der Wal wird geborgen

Sieglinde konnte nicht mehr weiter fahren. Das war klar. Aber wo sollte sie hier in dieser Einöde hin, wie kam sie weiter nach Meinigen und was wird aus dem Boot, das wir im dortigen Bootshaus reparieren wollten. Fragen über Fragen.

Weit und breit war keine Straße in Sicht. Bisher war sie immer in Flussnähe verlaufen. Aber ausgerechnet jetzt verlor sie sich irgendwo am Rande des breiten Werratals hinter Hügeln. Der Fluss teilte sich das vor uns liegende Tal nur mit einer Eisenbahntrasse.

Aber wie immer, wenn wir glaubten, es geht nicht mehr weiter, geschah ein kleines Wunder.

In Gera an der weißen Elster hatten wir einen Beton-dumper gechartert, um uns zum Bahnhof bringen zu lassen, in Camburg an der Saale einen Schweintransporter. Diesmal nun …

… während wir noch beratschlagten, näherte sich, aus Themar kommend, ein Bauzug der Deutschen Reichsbahn unserem Unfallort. Sofort hoben wir den Daumen in den Wind und man wird es kaum glauben, der Zug hielt an. Die Bahnbauarbeiter hatten offensichtlich Feierabend, davon zeugten die Bierflaschen in den Händen. Sie fuhren zurück nach Meinigen in den Lokschuppen.

Betondumper in Gera

Amüsiert hörten sie sich unsere Geschichte an und waren auch sogleich bereit, Sieglinde und den verunfallten Wal mit nach Meinigen zu nehmen.

Wie sich später herausstellte, hatten sie Sieglinde und das Boot ganz in der Nähe des Meiniger Bootshauses abgeladen, so dass nach umfangreicher Reparatur am nächsten Tag alle wieder an Bord waren.

Wir haben uns am Abend noch lange über diesen komischen Zufall unterhalten und sehr gelacht.

Offensichtlich war aber einigen anderen Besuchern des Werratals überhaupt nicht nach Lachen zu Mute.

Nachdem sich die Straße irgendwann wieder dem Fluss genähert hatte, stellten wir fest, dass wir auf der Selben treue Begleiter hatten. Erst dachten wir, das könnten Fans von uns sein, die ein Autogramm wollen. Aber nichts da mit „Gramm", sie wollten nur mit „Auto" unsere Fahrt verfolgen.

Was war passiert? Durch meine Ankündigung im Kinderfernsehen, die Werra befahren zu wollen, waren auch die Polizei und die Grenzwacht informiert, oder sollte man besser sagen, alarmiert worden. Da man wohl die größte Angst hatte, wir würden in Dorndorf nicht aussteigen, sondern gleich in den Westen durchrauschen, hatte man uns also beobachtenden Begleitschutz zur Seite gestellt. Und das wohl schon von Beginn unserer Tour an, denn nun war auch klar, warum unsere Bootssäcke am Bahnhof Themar so komisch ausgesehen hatten. Sie waren ebenfalls begleitend geschützt worden.

Bauzug im Werratal

60

Was für ein Schock muss es für unsere Beobachter gewesen sein, als sie feststellten, dass auf einmal ein Boot fehlte. Wahrscheinlich setzte eine wilde Funkerei ein, um die vermisste Kanutin zu finden. Wir machten das Beste aus der Situation, denn die stellte sich nun ja ganz komfortabel dar. Sollte noch einmal etwas passieren, könnten wir gleich mit dem Begleitwagen weiter fahren, viel bequemer, als mit der Bahn.

Unsere Beobachter verließen uns auch während der nächsten drei Tage nicht. Am Ziel in Dorndorf wurden wir dann nicht nur von Freunden, sondern auch von ihnen erwartet. Sie passten auf, dass wir an der richtigen Stelle anlegten und ausstiegen und verabschiedeten sich sogar ganz nett von uns; nicht ohne mir persönlich mitzuteilen, dass ich in der nächsten Kindernachrichtensendung im Fernsehen unter Androhung von Strafe die Werrafahrt nicht zu erwähnen hatte. Damit meinten sie wahrscheinlich, ich sollte nichts über ihren Gratis-Sicherheitsdienst berichten.

Der Artikel für die Zeitschrift Kanusport, den ich später schrieb, wurde zensiert, so dass auch darin über die Umstände unserer Tour nichts mehr zu lesen war. Umso größer ist die Freude für mich, achtundzwanzig Jahre später dann doch noch aller zu Papier gebracht zu haben...

Die große Tränke
Spree 1981

Man(n) sagt des Öfteren, der Mensch wachse mit seinen Aufgaben. Aber nicht nur diese verhelfen zu Wachstum, auch das Wasser. Man kann es sich wie den Pflanzen auf den Kopf gießen, man kann es aber auch trinken. Nur gilt hierbei der Grundsatz, zuviel ist ungesund. Mediziner werden jetzt heftig widersprechen und auf den drei Litern Flüssigkeit pro Tag bestehen. Diese sind selbstverständlich hier nicht gemeint, sondern die vielen zusätzlichen Liter Wasser, die den Magen erreichen können, wenn man das Paddeln in einem Kajak nicht beherrscht.

Die Gefahren lauern da eigentlich immer und überall. Das fängt beim Einsteigen an und hört erst beim Aussteigen auf. Dazwischen sind kentern und schwimmen die Hauptbeschäftigungen des Anfängers.

Will man es also bei den drei ärztlich verordneten Litern Wasser (vielleicht geht ja auch Bier) belassen, kommt vor dem Erfolg die Arbeit in Form des Trainings. Von Olaf kam eines Tages der Vorschlag, uns blutigen Anfängern, das Wildwasserfahren beizubringen. Dazu sollte ein Trainingslager an der „Großen Tränke", einem alten Wehr bei Fürstenwalde, veranstaltet werden. Warum diese Stelle an der Spree so heißt, weiß ich nicht. Aber für unsere Zwecke war sie sehr gut geeignet, wenn auch der Name allerhand Unheil (siehe oben) bereitzuhalten schien.

Das alte Wehr „Große Tränke" wurde zur Wasserhaltung und zur Pflege der Schiffbarkeit an der Spree-Oder-Wasserstraße im Jahre 1890 beim Bau des Seitenkanals von der Müggelspree zum Seddinsee notwendig. Bis in die 90iger Jahre des 20. Jahrhunderts versah es seinen Dienst. Für uns war es deshalb interessant, weil man eines seiner Schütze öffnen und so einen ordentlichen Schwall unterhalb des Wehres erzeugen konnte. In dessen Kehrwasser sollte das Training stattfinden. Aus alten Beständen waren im Bootshaus noch mehrere Slalomboote und einige alte Wildwasserboote vorhanden. Mit diesen sollten wir das Handwerk des Wildwasserfahrens erlernen. Aber wie sich bald herausstellte, war dies nicht das erste, was wir lernten, sondern das Schwimmen.

Angereist waren alle – also wirklich alle – die gesamten Familien der Trainingswilligen waren mit dabei. Wir bauten ein fesches Zeltlager auf und verteilten zwölf Erwachsene und acht Kinder auf die Luftmatratzen. Während die Männer das Trainingsgelände in Augenschein nahmen, bauten die Damen die Versorgungsstation auf, denn das Training würde anstrengend werden und die verbrauchten Energien mussten ersetzt werden. Die Kinder hatten das Gelände sofort spielerisch vereinnahmt.

Leider dauerte dies alles nicht sehr lange. Bald versammelten sich die Angehörigen der Wildwasser-Lehrlinge auf der Brücke über dem Wehr, um das Schauspiel trainierender Männer in voller Schönheit zu genießen.

Erste Trainingseinheit: Einsteigen

Bevor es zur Sache ging, erläuterte Olaf noch den Notplan, falls wir umkippen sollten. Macht einfach eine Kenterrolle wie sie die Bewohner der Arktis auszuführen pflegen. Weshalb dieser Vorgang auch Eskimorolle heißt. Kentern und Rollen konnten wir schon, Kenterrollen noch nicht. Falls wir das nicht hinbekämen, sollten wir einfach aussteigen. Dieses jedoch mittels Rolle vorwärts, und wir sollten unbedingt das Paddel dabei fest halten und dann auch gleich noch das Boot fassen und unter Wasser nicht atmen und und und … Na prima!

Es ist natürlich etwas anderes, bei bewegtem Wasser mit starker Strömung ein Kajak zu besteigen, als am ruhigen Nebenarm der Spree vorm Bootshaus. Dort hatten wir das alles schon mal probiert und kamen trocken in die Kajaks. Jetzt ging es eher darum, „ein Kajak zu entern", reimt es sich doch schön auf „kentern".

Als Erster war Gerald dran, der sofort, nach dem ein Bein im Boot war, ohne das zweite Bein in die richtige Position gebracht zu haben, ins Wasser fiel. Mir erging es nicht wesentlich besser, aber ich saß wenigstens schon drin, bevor ich umkippte. Matthias kam gar nicht erst bis ins Boot, denn er hielt es nicht richtig fest und schon hatte es ihm die Strömung aus der Hand gerissen. Weg war es. Und das alles vor den Augen der versammelten Familienmitglieder, die sich vor Lachen kaum halten konnten.

Hätten sie nicht noch spielend oder Versorgungsstation aufbauend die Zeit verbringen können? Beim zweiten Versuch hielten Kameraden die Boote fest, bis wir drin saßen. Als letzter stieg Olaf allein ein, der hatte ja Ahnung und würde nicht kentern. Niemals, wie er steif und fest behauptete.

Zweite Trainingseinheit: Geradeausfahren

Da ein Kajak kein Steuer hat, muss man das Geradeausfahren üben. Mit der Strömung trieben wir flussabwärts, aber wir wollten ja eigentlich stromauf zum Wehr paddeln. Also umdrehen und zurück. Das war leichter gesagt als getan. Das Wenden endete zunächst regelmäßig in einer vollen Umdrehung von 360°.

So fuhren wir weiter stromab. Nach ein paar Versuchen hatten wir im wahrsten Sinne des Wortes den Bogen raus und paddelten auf das Wehr zu.

Je näher wir kamen, umso stärker wurde die Gegenströmung. Trainer Olaf turnte mit seinem Boot irgendwo am Wehr in den Wellen rum und rief uns zu, mit ordentlich Tempo auf ihn zu zufahren, um in ein Kehrwasser neben der Hauptströmung zu kommen.

Übung macht den Meister

65

Und genau da lag das Problem. Ging es geradeaus inzwischen ja schon so leidlich voran, war die Scherströmung zwischen Hauptstrom und Kehrwasser unser Verhängnis. Alle kenterten rasant und sahen sich schwimmend in der Spree wieder. Olaf freute sich diebisch. Er hatte wohl genau das vorausgesehen, als er uns zu sich rief.

Die Rolle vorwärts beherrschten wir nun bestens, aber wo waren Paddel und Boot? Letzteres bekam ich irgendwie zu fassen, nur vom Paddel keine Spur. Es war in die Hauptströmung gekommen und machte sich nun gemeinsam mit dem Paddel von Gerald auf den Weg nach Berlin. Matthias vermisste sein Boot.

Glücklicherweise war Olaf als Retter und Sekundant zur Stelle und sammelte alle verloren gegangenen Gegenstände wieder ein.

Diese Übungseinheit wiederholten wir nun immer wieder, bis es irgendwann klappte. Aus dem Kehrwasser heraus, in die Hauptströmung hinein und auf der anderen Seite ins Kehrwasser wieder rein. Wie oft wir dabei kenterten, habe ich nicht gezählt.

Und auch nicht wie viele Liter Wasser ich zusätzlich zu den drei ärztlich verordneten, zu mir genommen hatte.

Noch im Boot sitzend

Auf jeden Fall waren wir am Nachmittag fix und fertig. Wir hatten Abschürfungen an den Oberschenkeln vom ständigen mit Rolle vorwärts aus dem Boot aussteigen. Endlich auftanken an der Versorgungsstation, jetzt jedoch mit lebenswichtigen „isotonischen" Getränken, mit den Kindern Holz für das Lagerfeuer sammeln und mit der großen Klappe schon wieder obenauf sein: „Ist doch gar nicht so schwierig, das kann ja jeder" Nur Olaf schüttelte den Kopf und grinste dabei so komisch…

Am nächsten Tag. Der Muskelkater war unerträglich, alle Knochen taten uns weh. Wir konnten kaum aus dem Zelt kriechen. Für Matthias wäre es die letzte Chance gewesen, sofort wegen feiger Vortäuschung von Verletzungen aufzuhören. Aber diesmal waren ja die Familien mit dabei, da gab er sich so eine Blöße natürlich nicht. Nach einem ausgiebigen Frühstück ging es wieder ans Wasser. Nur diesmal nicht unterhalb des Wehres sondern oberhalb. Olafs Grinsen wurde intensiver. Er hatte das Wehrschütz weiter geöffnet als gestern und wir sahen vor lauter Gischt, die über die Wehrkrone schoss, das Unterwasser nicht mehr.

Nun schwimmend

Dritte Trainingseinheit: Wehrabfahrt

Wir besichtigten die Chose erst einmal von allen Seiten und ein komisches Gefühl beschlich unsere Bauchgegend. Das Wehr war hoch, sehr hoch, gefühlt mindestens zehn Meter. Olaf erklärte kurz die Sachlage und meinte zweckoptimistisch:

„Was soll schon schief gehen, Wasser hat ja keine Balken, an denen man sich den Kopf hauen kann, außerdem habt ihr Helme auf, ihr könnt schwimmen und habt gelernt, eure Habseligkeiten zusammen zuhalten. Das Wichtigste ist paddeln, paddeln und nochmals paddeln".

So sollte es sein. Das komische Gefühl in der Bauchgegend jedoch nahm zu. Das Einsteigen verlief ohne größere Zwischenfälle, gelernt ist eben gelernt. Auf der Brücke über dem Wehr versammelten sich die akkreditierten Pressevertreter der Familien mit den Fotoapparaten, um sensationelle Fotos, nach dem Motto „erst fotografieren und dann retten", zu schießen.

Olaf fuhr als erster runter, um unterhalb des Wehres den Rettungsposten aufzubauen. Dann wurde es auch für mich ernst. Das komische Gefühl aus der Bauchgegend war nun im ganzen Körper zu spüren. Langsam trieb mich die Strömung auf das Unvermeidliche zu. Und das Wehr war hoch, sehr hoch. Immer näher kam die Wehrkrone. Unten sah ich Olaf hektisch winken und konnte mir nicht erklären, was er wohl meinte. Soll ich nicht fahren, da es so ungemein gefährlich ist? Oder soll ich fahren und vorsichtig sein? Oder soll ich nun endlich runter kommen, weil Olaf inzwischen Langeweile hatte?

Ich kam der Wehrkrone immer näher und hörte das Rauschen des Niagarafalls. Und das Wehr war hoch, sehr hoch. Dies sind sie also, die letzten Gedanken meines Daseins. Wo ist das Rettungsteam? Wird man mich jemals aus den brodelnden Wassermassen herausholen? Wird mich überhaupt jemand vermissen? Da neigte sich die Bootsspitze auch schon schräg nach unten. Ich schoss über die Wehrkrone ins Nichts, alles aus und … plötzlich war ich im Unterlauf angekommen. Etwas schaukelig noch, aber ich hielt das Boot im Gleichgewicht. Geht doch!

Ich war durch. Nun war ich am Winken, um den anderen zu zeigen, dass es doch eigentlich ganz einfach ist, ein Wehr runter zu fahren und vor allen Dingen ungefährlich. Pah, so ein und ein halber Meter Wehrhöhe sind doch gar nichts!

Also nun die Anderen. Matthias kam unten an und hatte das Paddel nur noch in einer Hand, er konnte sich gerade noch so halten. Gerald kam unten an, verschwand allerdings gleich darauf in den Fluten und zeigte uns den Boden seines Bootes. Er konnte später selbst nicht erklären, was passiert war.

Abwärts am Wehr

Geht doch!

Gerald spricht mit den Fischen

Nun noch Karl, der wie immer etwas ängstlicher die Sache anging. Mit heftigem Rückwärtspaddeln versuchte er noch, sich von der Wehrkrone fern zu halten und wollte aufgeben. Aber die Kraft des Wassers war stärker und zog ihn ins Unvermeintlich durch das geöffnete Schütz nach unten und – schwupps, da war er, ohne das etwas passierte.

Der Rest des Tages war mit viel Spaß verbunden. Wir fuhren noch diverse Male das Wehr runter. Wenn die Schlepperei der Boote nach oben nicht gewesen wäre, hätten wir wohl nie aufgehört.

Aber „Mann" hat ja nicht unbegrenzt Kraft und bekommt irgendwann auch Durst. Dies um so mehr, als das Zusatzwasser im Magen, also die "Große Tränke", heute fehlte.

Wir hatten es geschafft. Wir waren bereit für das Wildwasser, wenn es denn welches in der Berliner Gegend geben würde. Also diskutierten wir die verschiedenen Möglichkeiten, welches zu finden und machten Pläne für die Zukunft: Eines Tages würden wir den Großen Tatraring in der Hohen Tatra befahren …

Börzsöny und ein Fahrradständer
Spree 1981

Als gelernter DDR-Bürger hatte man die Wahl, entweder zu verzweifeln oder sich mit diversen Tricks das Leben erträglicher zu machen. Waren wir zunächst erschüttert, als die Obrigkeit den Himmelfahrtstag als gesetzlichen Feiertag abschaffte, so fanden wir doch bald den einen oder anderen Dreh, an diesem Tag nicht zur Arbeit erscheinen zu müssen, sondern uns den schönen Beschäftigungen eines Männertagsausflugs hingeben zu können. Die Einen zogen wandernd von Kneipe zu Kneipe oder hatten einen Bollerwagen mit Getränken dabei, andere fuhren mit Kremsern über Land. Wieder andere saßen von früh bis abends im Biergarten, manche fuhren auch betrunken mit dem Fahrrad.

Das sollte es für uns nicht sein. Wir – Matthias, Olaf, Gerald und ich – wollten den Himmelfahrtstag sportlich begehen und mit unseren Faltbooten auf der Alten Spree von Fürstenwalde nach Berlin bis in unser Bootshaus nach Hessenwinkel fahren.

Am Mittwoch vor Himmelfahrt paddelten wir schon mal von Fürstenwalde aus geruhsam bis zum Wehr an der Großen Tränke vor und machten uns einen gemütlichen Abend. Zünftige Getränke und Verpflegung hatten wir an Bord. Wir übernachteten im Zelt und gingen am Himmelfahrtstag beschwingt an den Start.

Der Wettergott war mit uns, denn weder regnete es noch gab es Gegenwind. Und das Beste von allem: Wir waren allein. Kein Gegröle störte die Flussidylle, keine betrunkenen Horden von Himmelfahrtjüngern konnten unsere Wege kreuzen, denn es gab nur eine Brücke auf der ganzen Strecke.

Oder schien das nur die trügerische Ruhe vor dem Sturm zu sein? Als wir uns der Straße bei Hangelsberg näherten, sahen wir schon die ersten Kremserfahrer und Wandergruppen.

Ein großer Vorteil der Alten Spree war, zumindest für die damaligen Verhältnisse, ihr guter Kilometer-Schluckauf-Koeffizient Das heißt: Alle paar Kilometer fand sich ein Gasthaus am Ufer, das zu Pause, Speise oder Umtrunk einlud. Wir hatten Zeit und ließen es uns gut gehen.

Himmelfahrer unterwegs, der Blick schon getrübt

Nach einer dieser ausgedehnten und dem „Feiertag" angemessenen Pause wurden wir auf dem Wasser plötzlich von Kanuten aus Ungarn überholt. Wir kamen ins Gespräch und nahmen dies zum würdigen Anlass, ein Bierchen zusammen zu trinken. Auf die Fragen nach dem woher und wohin stellte sich heraus, dass sie aus Budapest waren und ihren Urlaub auf Berliner und dann weiter auf Mecklenburger Gewässern verbringen wollten. Es war sehr nett, mal ausländische Wasserverrückte kennen zu lernen. Wie verrückt sie aber wirklich waren, sollten wir ein Jahr später erfahren. Wir verabschiedeten uns und machten Rast im Volkshaus Neu-Zittau, während die Ungarn weiterpaddelten.

Inzwischen hatte sich eine richtige Wettfahrt zwischen uns und den Kremsern an Land entwickelt. Wir waren immer ein wenig schneller, da die Straße oft vom Fluss abrückte oder aber die Zugpferde nicht so wollten, wie sie sollten. So langten wir auch vor ihnen in Neu–Zittau an und saßen schon auf der Terrasse beim Bier, als die Jungs überaus vergnügt ankamen. Sie kriegten sich vor Freude, uns zu sehen, gar nicht mehr ein.

Nach auch dieser dem „Feiertag" angemessenen Pause verabschiedeten wir uns voneinander, da die Wettfahrt hier zu Ende war. Fluss und Straße gingen oder flossen ab hier nun getrennte Wege. Und die Jungs feixten noch immer. Uns jedoch sollte das Lachen gleich vergehen. Als wir zum Ufer des Flusses kamen, waren unsere Boote weg. Das konnte doch gar nicht sein. Die Strömung war so gering, dass man manchmal meinte, rückwärts zu treiben. Abgetrieben konnten sie also nicht sein. Gestohlen? Nein, wer klaut schon so alte und oft geflickte Faltboote. Stutzig wurden wir erst, als wir die Kremserjungs alle noch an der Kneipentür stehen und lachen sahen.

Und da waren auch unsere Boote. Als ewig Zweite im Rennen um die besten Plätze hatten sie aus Rache unsere Boote aus dem Wasser gehoben und ordnungsgemäß in den Fahrradständer der Kneipe gelegt und – nun kommt es – ordnungsgemäß angeschlossen. Da wurde guter Rat im wahrsten Sinne des Wortes teuer. Eine Runde Freibier förderte den Schlüssel zu Tage, der uns wieder den Zugang zu unseren Booten verschaffte. Unter lautem Gejohle der nun noch fröhlicheren Kremserfahrer ließen wir sie zu Wasser und fuhren gemütlich gen Hessenwinkel.

Die Alte Spree mündet kurz vor Berlin in den Dämmeritzsee. Von dort aus war es nicht mehr allzu weit bis zu unserem Bootshaus. Direkt an der Mündung trafen wir alte Bekannte wieder. Die Ungarn saßen am Ufer beim Picknick und studierten die Wasserwanderkarte auf der Suche nach einer geeigneten Anlegestelle mit Quartiermöglichkeit.

Da wir ja nun schon alte Freunde waren, luden wir sie ein, mit in unser Bootshaus zu kommen, wo sie auch übernachten könnten. Schon eine halbe Stunde später saßen wir alle „grillender Weise" zusammen auf unserer Wiese. Ein Kasten Bier war selbstverständlich auch dabei, aus dessen Flaschen wir nach und nach die Luft ließen. Glücklicherweise sprachen unsere Gäste recht gut Deutsch, so konnten wir uns über unsere Kanutenerlebnisse austauschen.

Im Laufe des Abends luden sie uns ein, mit ihnen gemeinsam in Ungarn Wildwasser zu fahren. So einen Spaß hatten wir den ganzen Tag nicht gehabt – Wildwasser in Ungarn! Das sollte bestimmt ein Witz sein. Es gab schon bei uns kaum welches, und dann sollte im flachen Ungarn der Bach los sein. Aber wir sagten zu, irgendwann und irgendwie mal irgendwo in Ungarn aufzutauchen, um gemeinsam irgendwelche Flüsse, ganz wilde, ganz bestimmt, zu befahren.

Monate später traf ein Brief aus Ungarn mit vielen schönen Fotos ein, darauf zu sehen unsere Himmelfahrtsfreunde bei Schnee im Wildwasser des Kemence-Baches im Börzsöny-Gebirge. Da schau her, es gab es also wirklich, das Wildwasser in Ungarn. Neben den Fotos kam auch noch ein Brief mit einer Einladung zur gemeinsamen Erstbefahrung eines Flusses in Ungarn im nächsten Jahr zum Vorschein. Wir waren sofort Feuer und Flamme und machten uns auf die Suche nach Kartenmaterial des Börzsöny-Gebirges. In einem Trödelladen fanden wir eine alte ungarische Wanderkarte und dieses Gebiet an der Grenze zur CSSR ganz im Nordosten von Ungarn.

Nun waren wir bereit, nach Ungarn aufzubrechen. Der Termin sollte je nach Schneeschmelze und Wasserstand relativ kurzfristig fixiert werden. Mit einem Telegramm aus Ungarn: „der termin 25-29 maerz ist gut werde schreiben peter" war es da, das Aufbruchssignal.

In zwei Trabis machten sich Olaf, Matthias, Gerald und ich ins Aggtelek Karstgebiet, dem nordöstlichsten Teil des Börzsöny-Gebirges in Ungarn, auf den Weg.

Abfahrt Freitag um drei Uhr nachmittags in Berlin, Ankunft am nächsten Morgen um halb acht nach eintausend Kilometern Fahrt mit den Trabis über Prag, Brno, Bratislava, Göyr in Budapest, wo uns unsere Kanufreunde schon erwarteten. Unsere Kajaks hatten wir mit der Bahn vorgeschickt und nach einigem Hickhack mit dem ungarischen Zoll und Dank Peters Autorität – er war, wie sich herausstellte, Professor an der Semmelweiß-Universität in Budapest – konnten wir sie in Empfang nehmen.

Wir besichtigten Budapest und feierten am Abend unser Wiedersehen. Am nächsten Morgen starteten wir mit vier Autos, acht Booten und acht Mann. Nein, sieben Mann und einer Frau. Aber nicht gleich aufs Wasser. Die Ungarn ließen es gemütlich angehen und legten eine Pause in Eger ein, wo wir in einem alten Weinkeller den „Egery Medoc Noir" verkosteten und noch zwei Liter Marschverpflegung einpackten. Jeder, versteht sich! Am Abend trafen wir in Aggtelek ein und bezogen eine alte Baude, in der schon andere Sportsfreunde versammelt waren.

Diesmal keine Kanufahrer, sondern Höhlenforscher, die im zerklüfteten und ausgespülten Karstgebiet reichlich Raum für ihre Beschäftigung fanden. Die Marschverpflegung machte ihre Runden und unser mitgereistes Berliner Pils sowie der Nordhäuser Doppelkorn sorgten für ausgelassene Stimmung bis hin zum Gesang eines einundzwanzig-stimmigen Chores.

Aggtelek Karstgebiet in Ungarn

Normalerweise löst ja etwas Alkohol die Hemmungen und trägt zum besseren Verständnis fremder Sprachen bei. Hier half nicht einmal dieser, denn ungarisch war uns einfach zu fremd. Hier blieb nur die Nutzung der internationalen Hand- und Fuß-Sprache. Bloß, ungarische Lieder singen, das ging damit auch nicht.

Die Höhlenforscher waren entscheidend für unsere Tour. Sie versorgten unsere Budapester Kanufreunden ständig mit Informationen zum Wasserstand des ausgesuchten Flüsschens, oder sollte man besser sagen des Bächleins, namens Josva. Dieses kam direkt aus einer der Karsthöhlen heraus, um dann nach zwanzig Kilometern in den Fluss Bodvaj zu münden und wurde noch nie von Kanuten befahren. Wir starteten also zu einer internationalen Erstbefahrung.

Ein weiteres wichtiges Detail hatten die Höhlenforscher noch für uns parat. Drei Wochen zuvor fand eine Übung der ungarischen Armee in dieser Gegend statt, die unter anderem darin bestand, das Ufer und damit den Bach von Gestrüpp und überhängenden Bäumen zu säubern. Das sollte uns noch sehr zum Vorteil gereichen.

75

Der Josva-Bach

Bunte Flotte am Start

Inzwischen hatte sich die um diese Zeit überwiegend kindliche Bevölkerung des Ortes versammelt, um die Verrückten zu bestaunen, die auf einem Bach ohne ausreichend Wasser und ersichtlichem Grund, dafür jedoch mit viel Berührung des Selben, ihre Freizeit verbringen wollten. Schüttelten sie über die Höhlenforscher schon andauernd mit dem Kopf, so waren sie nun überzeugt, in den großen, weit entfernten Städten mussten überwiegend Irre leben.

Bereits nach fünfhundert Metern mussten wir das erste Mal aus den Booten klettern und mühselig eine völlig verfallene Wehrstufe umtragen. Auch ansonsten war die Strecke fürchterlich. Bachbreiten zwischen zwei und drei Metern, viele kleine Schwellen, niedrige kleine Brückchen, enge Kurven und vor allem überhängende Bäume.

Das größte Problem waren allerdings die vom Ufer aus in den Bach hineinragenden wilden Rosenbüsche. Da es angenehm warm war, so etwa zwanzig Grad, fuhren wir kurzärmelig. Mit dem Ergebnis, das unsere Arme und auch Teile der Gesichter völlig von den Rosendornen zerkratzt wurden. Man konnte denken, eifersüchtige ungarische Frauen mit langen Fingernägeln hätten ihre Wut an uns ausgelassen. Wie wäre das wohl ohne die Übung der ungarischen Armee ausgegangen?

Immer wieder kleine Stufen unterwegs

Das war keine Tour, sondern eine Tortour. Nach zehn Kilometern gaben wir in Szinpetri erschöpft auf. Als Fazit hielten wir fest:

„Es war die internationale Erst-, aber auch die internationale Letztbefahrung des Josva-Baches."

Am nächsten Morgen sollte es auf dem Fluss Bodvaj besser werden. Wir mussten früh raus, wenn wir am Abend noch in Budapest eintreffen wollten. Also wurde der Start auf acht Uhr morgens festgelegt. Als wir am Fluss ankamen, war von diesem jedoch nichts zu sehen. Wir standen in dichtem Nebel und hörten nur das leise Plätschern des Wassers.

So konnten wir nicht losfahren. Keiner hatte eine Erklärung für den Nebel. Bis wir die Turmuhr der örtlichen Kirche sieben Mal schlagen hörten. Na super! Wir hatten schlicht und einfach vergessen, dass in dieser Nacht die Sommerzeit begann und um sieben Uhr morgens ist es in dieser Gegend und zu dieser Jahreszeit eben nebelig. Wir warteten geduldig, bis sich die Sonne zeigte. Als es endlich soweit war, ging es bei guter Strömung locker fünfzehn Kilometer voran bis Szendrö. Nach einem erholsamen Aufenthalt in einem mitten in der Landschaft liegenden mit heißem Thermalwasser aus einer nahen Quelle gefüllten Betonbecken, kamen wir am Abend wieder in Budapest an.

Gerald kämpft sich durch das Gebüsch

Viel mehr gibt es nicht zu erzählen. Wir gaben unsere Boote in die Obhut der Bahn, fuhren wieder eintausend Kilometer zurück nach Berlin und konstatierten:

Zweitausendfünfhundert Kilometer Autofahrt für insgesamt fünfundzwanzig Kilometer im Boot. Anstrengend, sehr anstrengend, aber auch sehr, sehr schön…

Der Zoll und ein halbes Boot
Ohre (Eger) 1981

Das Leben hält so allerhand Lehrreiches bereit, insbesondere in Form von klugen Sprüchen. Eine alte Kanuweisheit lautet bekanntermaßen: „Länge läuft". Eine andere: „Länge transportiert sich schlecht". Also hat der Mensch das Faltboot erfunden. Ein Faltboot heißt Faltboot weil es gefaltet werden kann. Ungefaltet ist es an Land nur sehr schwer zu bewegen. Und sollte man kein Auto besitzen, kein Führerschein geht auch, muss man auf das faltbare Boot zurückgreifen, wenn man unbedingt die Flüsse dieser Welt befahren will.

Eines Tages nun beschlossen wir, uns mit den Faltbooten ins Ausland zu begeben. In einer alten Kanuzeitung war ein kurzer Artikel über die Ohre (Eger) in Tschechin erschienen, so dass wir wieder mal ein Ziel vor den Augen hatten. In einem tschechischen Kanuführer, wir vermuten, der wurde im Eigenvertrieb von einheimischen Kanuten unters Volk gebracht, fanden wir die notwendigen Informationen für die Flussfahrt.

Zwar konnten wir kein Tschechisch, aber die Piktogramme einer Flussbeschreibung sind international, so dass wir als Startort Sokolov auserkoren. Erstens war hier ein Einstieg gleich hinter der Grenze zur BRD möglich, da der Fluss im Fichtelgebirge entspringt und sich dann durch das Egerbecken Richtung Karlsbad bewegt. Zweitens hatte Sokolov einen Bahnhof und Drittens eine Zollstation, zu der wir unsere Boote vorschickten, gefaltet natürlich.

Anfang Oktober machten wir uns in einer Nacht von Freitag zu Samstag mit der Bahn von Berlin aus auf den Weg, Sieglinde als einzige Frau unter fünf Männern – Olaf, Matthias, Klaus, Jürgen und ich. Abfahrt war um zwei Uhr achtundfünfzig mit einem dreckigen ungeheizten Zug in Richtung Tschechin. Irgendwo mussten wir umsteigen und kamen gegen elf Uhr am Samstagvormittag in Sokolov an.

Voller Elan wollten wir die Zollstation stürmen. Aber es blieb bei einem Versuch, denn sie war verschlossen. Wir vermuteten, dass der Herr Zöllner wohl schon zu Hause dem Gulasch und dem Biere zusprach und warteten auf das Ende seiner Mittagspause. Nach einer Stunde wurden wir unruhiger. Ein Bahnbeamter, den wir nicht verstanden und der uns nicht verstand, machte uns irgendwie klar, dass er nicht zuständig sei.

Unsere Bitte, per Hand- und Fußsprache, doch den Zöllner anzurufen, beschied er ebenso abschlägig, wie uns auch nur in irgendeiner anderen Art und Weise behilflich zu sein.

Er wartete noch auf einen Gegenzug, schloss seinen Bahnhof ab und zog von dannen und wir waren etwas verstimmt. Wir beschlossen, ein Gasthaus in der Nähe des Bahnhofes aufzusuchen. Vielleicht konnte uns dort einer verstehen und Hilfe holen, vielleicht saß ja sogar der Zöllner dort beim Biere.

Wieder verstand uns niemand, nur die Bestellung von Bier und Gulasch mit Knödeln klappte ausgezeichnet. Während wir noch beratschlagten, wie wir unser Problem, Faltboot fahren ohne Boot, zu lösen gedachten, kam ein Mann an unsere Tisch und sprach uns auf Deutsch an. Die vermeintliche Rettung. Wir erzählten ihm mit einfachen Worten von unserem Dilemma. Der freundliche Herr ließ sich erst einmal ein Bier ausgeben, trank genüsslich einen großen Schluck und erklärte danach, auch nicht helfen zu können.

Aber da wir ihm nun schon mal das Bier ausgegeben hatte, würde er sich bei den anderen erkundigen, wann die Zollstation wieder besetzt sein würde. Es brach eine heftige Diskussion im Gasthaus los. Jeder hatte eine Meinung zu dem Problem, jeder offensichtlich eine andere. Vielleicht war es auch ganz gut, dass wir nicht alles verstanden. Im Ergebnis stellte sich heraus, dass die Zollstation nur besetzt ist, wenn ein internationaler Zug kommt, der auch noch in Sokolov hält. Heute war Sonnabend der nächste internationale Zug kommt am Montag nach Sokolov.

Man empfahl uns mit einem Bummelzug nach Karlsbad zu reisen und am dortigen Bahnhof die Zollstation aufzusuchen. Die könnten dann ja in Sokolov anrufen und den zuständigen Zöllner in sein Büro beordern, um uns am Sonntag die Boote auszuhändigen. Aber viel Hoffnung, dass der Zöllner sonntags, also in seiner Freizeit, das Zollbüro öffnen würde, hatte niemand.

Auch wir glaubten nicht daran, nie im Leben. Trotzdem enterten wir einen alten klapprigen Triebwagen und machten uns auf den Weg nach Karlsbad. Dort angekommen suchten wir sofort das Zollbüro. Und wie nicht anders zu erwarten, war auch dieses Büro verschlossen. Am Fahrplan konnten wir allerdings erkennen, dass in Kürze ein internationaler Zug erwartet wurde. Dann müsste der Herr Zöllner ja erscheinen, glaubten wir und warteten. Alles kam, nur kein Zug. Es versammelten sich zwar Leute auf dem Bahnsteig, die aber bald wieder gingen.

Des Rätsels Lösung: Der Zug hatte zwei Stunden Verspätung. Inzwischen war es später Nachmittag und wir beschlossen, erst einmal am Ufer der Ohre vor einem Bootshaus unsere Zelte aufzubauen, bevor es Dunkel werden würde. Zwei Stunden später waren wir wieder am Bahnhof. Jetzt hätte bloß noch gefehlt, das der Zug schon durch gewesen und das Zollbüro wieder geschlossen wäre. Aber dem war nicht so. Im Zollbüro saß ein sehr beleibter Herr in Uniform und las Zeitung. Welch ein Glück!

Wir legten ihm unsere Papiere vor und erklärten unser Geschichte. Der Herr Zöllner wackelte immer zu mit dem Kopf und es war nicht zu erkennen ob er uns nicht verstand, oder unsere Papiere nicht verstand, oder unser Problem nicht zu lösen gedachte. Nach einiger Zeit bedächtigen Prüfens der Papiere erklärte er sich für nicht zuständig und im Übrigen seien wir viel zu spät dran, denn er habe Feierabend.

Nun begannen wir mit unseren Köpfen zu schaukeln und waren sprachlos. So langsam stieg uns die Zornesröte ins Gesicht. Irgendwie schien er das zu bemerken und teilte uns lapidar mit, wir sollten morgen wiederkommen, um neun Uhr. Da kommt ein Interzonenzug und da ist dann das Büro auf jeden Fall geöffnet. Sprach's, schloss sein Büro ab und verschwand in der Bahnhofskneipe.

Wir taten es ihm gleich und bestellten erst einmal ein Bier. Es war nun nicht mehr zu ändern, der Tag war rum und wir kamen nicht weiter. So bummelten wir durch Karlsbad, und versuchten, unseren Frust in weiteren tschechischen Bieren zu ertränken. Dann krochen wir in unsere Zelte und warteten auf den Sonntag.

Der kam mit Sonnenschein. Wir redeten uns ein, das sei ein gutes Omen. Pünktlich um neun Uhr waren wir wieder im Zollbüro. Ein eifriger Beamter fragte nach unserem Begehr, in Deutsch wohlgemerkt. Wir zeigten unsere Papiere. Er schaute kurz darauf und hämmerte zwei mächtige Stempel in die dafür vorgesehen Felder. Das war's, fertig. Er wünschte uns eine schöne Reise nach Sokolov und ging weiter seiner Arbeit nach. Wir waren sprachlos. Das Gleiche hätte der dicke Kerl vom Vortag doch auch machen können!

Nun hatten wir unsere Stempel, aber noch lange nicht unsere Boote. Wir versuchten, dies dem guten Mann klar zu machen, aber er lächelte nur und meinte wir sollten uns in Sokolov beim Zollbüro melden, es sei schon alles in Ordnung. Wer das wohl glauben sollte? Aber wir hatten sowieso keine andere Wahl, nahmen den nächsten alten klapprigen Triebwagen und stiegen in Sokolov am Bahnhof aus.

Vor dem Zollbüro saß ein dicker Mann in Uniform auf einem Stuhl und döste in der Sonne. Als wir näher kamen stand er auf, straffte sich und schien uns bereits zu erwarten.

Unsere Überraschung war kaum zu beschreiben. Es war derselbe dicke Kerl, der uns am Abend vorher in Karlsbad zwecks Bier zum Feierabend die Tür vor der Nase zugemacht hatte. Wir reichten ihm unsere Papiere und sein Blick sagte so in etwa: Na bitte, geht doch! Er setzte einen weiteren Stempel drauf und verlangte 35 Kronen Zollgebühr. Wir zahlten, er öffnete das große Tor und da lagen sie – unsere Faltboote.

Um es gleich vorweg zu nehmen: Auf dem Rückweg haben wir die Boote nicht mehr dem tschechischen Zoll überlassen, sondern sie in einer wahrhaft gigantischen Gepäckaktion von Usti nad Labem bis Berlin im Zug mitgenommen.

Aber nun zum Titel gebenden halben Boot. Wir paddelten bis Karlsbad, denn einen Vorteil hatte die ganze Aktion mit dem Zoll gehabt: Unsere Klamotten waren schon dort in unseren Zelten, so hatten wir auf der ersten Etappe leichte Fahrt ohne Gepäck. Bei guter Strömung ging es auch flott voran durch herrliche Landschaft.

Allerdings schien die Befahrung der Ohre lebensgefährlich zu sein. Am Wehr in Loket (Ellbogen) wies ein Kreuz am Ufer alle, die eine Abfahrt probieren wollen, auf die Folgen hin. Und gleich hinter Karlsbad begann die Slalomstrecke.

So sah der Rückweg aus!

Warnkreuz am Ufer in Loket

Wir wühlten uns durch das Wildwasser, mit den Faltbootzweiern ein Kraftakt. Sieglinde im Einer hatte es etwa leichter. Die Strecke war mächtig verblockt. Große Steine, oder vielmehr Felsen, lagen im Fluss. Wir orientierten uns an den aufgehängten Slalomstangen, um einen halbwegs sicheren Weg durch das wilde Wasser zu finden.

Glücklicherweise stand es relativ niedrig und somit war die Wasserwucht verhalten. Mit einigen Stein- und Grundberührungen kamen wir schließlich durch und sahen, was passiert, wenn das Wasser höher und wuchtiger ist oder man sein Boot nicht beherrscht. Am Ufer lag ein halbes Kajak um einen Stein gewickelt.

Ohre (Eger) bei Sokolov

Und irgendwie sah dieses halbe Boot ziemlich gefaltet aus. Was uns sagt, dass man auch Kajaks falten kann, wenn man sie transportieren muss. Oder man nimmt erst die eine Hälfte mit nach Hause und holt dann die andere nach…

Die Slalomstrecke bei Karlsbad

Fliegende Boote
Tatraring 1982

Manchmal wiederholt man etwas, obwohl man sich fest vorgenommen hatte, dieses nie wieder zu tun. Manchmal hat man aber auch keine andere Wahl, als einen Fehler zweimal zu begehen. Und sei es auch nur, um zu begreifen, was eigentlich passiert. Manchmal gibt man dem Geschehen eine zweite Chance, in der Hoffnung, dass doch nicht immer alles nach Murphys Law schief geht, was schief gehen kann.

Wir haben es wieder getan! Und zwar unsere Boote der Tschechischen Staatsbahn und damit dem tschechischen Zoll anvertraut. Nur diesmal sowohl die Faltboote, als auch die Kajaks. Zum einen, weil wir kein Auto hatten und zum anderen, weil wir am Internationalen Tatraring in der Hohen Tatra teilnehmen wollten. Wir gingen davon aus, dass im Rahmen einer internationalen öffentlichen Veranstaltung das Zollrisiko deutlich geringer sein müsste und reisten Anfang Juli in die Hohe Tatra nach Tschechin.

So hatten wir also unsere gesamte Flotte, bestehend aus sechs Kajaks (zwei grüne, ein blaues, ein rotes, zwei gelbe) und zwei Faltbootzweier vorgeschickt und waren sehr gespannt, ob, wann und wie wir unsere Boote an der Bahnstation von Ruzomberok vorfinden würden. Und es geschahen noch Zeichen und Wunder. Alles war da. Und nicht nur unsere Sachen. Die ganze Gepäckhalle war voller Boote unterschiedlichster Ausführung, Größe und Farbe. Zollformalitäten gab es keine zu erledigen. Gerald und Olaf waren mit dem Auto angereist, sammelten unsere Boote ein und transportierten alles zum großen Zeltplatz am Zusammenfluss von Bela und Vah.

Eigentlich müsste ich jetzt von den Flussfahrten auf Orava, Hron, Hornad, Vah und Bela berichten. Aber da gibt es nicht viel zu erzählen. Alles war einfach wundervoll und die Landschaft großartig, das Wasser klar und sauber. Also nichts Besonderes. Wenn da nicht die Dinge am Rande passiert wären, die aus einer normalen Wildwasserwoche etwas ganz einzigartiges werden ließen, zumindest für uns. Und alles endete dann wieder beim Zoll in Ruzomberok.

Der Autor auf dem Vah unterwegs

Aber der Reihe nach. Gleich am nächsten Tag begann das erste Training am Zusammenfluss von Bela und Vah, wo sich eine schöne Wildwasserströmung aufgebaut hatte. Jeder ging mal ran und rein und alles sah ziemlich gut aus. Bis unser achtzehnjähriger Wolfgang der Übermut packte und er schnell noch einige Extrarunden auf dem Wasser drehen wollte. Und so nahm das Unheil seinen Lauf. Seine Kapriolen endeten bei der schnellen Strömung mitten in einem Verhau aus ungestürzten Bäumen.

Wolfgang hängt in den Bäumen fest

Das einzige Wort, was er noch heraus brachte, war das berühmt-berüchtigte mit SCH am Anfang. Wolfgang war mit seinem Boot völlig unter die Bäume gerutscht und durch die von hinten drückende Strömung fest eingeklemmt.

Ohne fremde Hilfe war ein Entrinnen nicht möglich. Tommy, ebenfalls gerade volljährig, setzte mit seinem Boot über, um Rettungsmaßnahmen einzuleiten. Wolfgang wälzte sich irgendwie aus dem Kajak und entgegen jeder Erwartung haben die Zwei das Boot retten können. Allerdings nicht ganz unbeschädigt, so dass abends das erste Mal mit Glasfasern und Epoxydharz repariert werden musste.

Das fing ja gut an. War es ein böses Omen? Oder nur die Leichtsinnigkeit der jungen Burschen? Wir würden es bald wissen! Das Reparaturmaterial wurde von nun an jeden Abend gebraucht, insbesondere nach der Befahrung des Hron in der Niederen Tatra, der extremes Niedrigwasser führte.

Dafür erlebten wir auf der Rückfahrt von dort zu unserem Zeltplatz eine besondere Überraschung. In einem der Täler stoppte unser Bus in einem kleinen Dorf und nahm drei tschechische Wanderer mit, die Kinderroller bei sich trugen. Gemeint sind dabei nicht diese neumodischen Aluroller oder irgendwelche High-Tech-Geräte. Nein, ganz normale Kinderroller, wie wir sie auch schon 25 Jahre vorher hatten.

Oben auf dem Pass angekommen hielt der Bus, ließ die drei Tschechen wieder raus und fuhr die nächsten Serpentinen bergab. Plötzlich wurde es auf den hinteren Plätzen des Busses unruhig. Alle blickten aus dem Heckfenster und diskutierten laut. Von oben kamen die drei Tschechen auf ihren Rollern mit einer atemberaubenden Geschwindigkeit den Berg hinunter angesaust. Als sie unseren Bus erreichten, der mit zirka siebzig Stundenkilometern unterwegs war, bremsten sie nicht etwa ab, sondern zogen, die Innenkurve schneidend, stramm vorbei.

Das müssen annähernd hundert Sachen gewesen sein, mit denen sie unterwegs waren. Drei Kurven später waren sie weg, einfach davon gefahren. Später im Tal sahen wir sie wieder, wo sie wohl auf das nächste Shuttle zum nächsten Pass warteten. Wohlgemerkt, das alles ohne Schutzkleidung insbesondere ohne Helm. So ein Wahnsinn…

Aber vielleicht hatten auch sie dereinst beim Bier den Entschluss gefasst, dem ach so langweiligen Leben zu entrinnen. Nur lebensgefährlich musste es ja nicht gleich sein.

Zurück zum Kajak fahren. Das schien uns deutlich sicherer, als die Rollerfahrerei. Zumal wir ja Helme auf unseren Köpfen trugen. Nach der Fahrt auf dem Hornad mit der Durchquerung des gleichnamigen Canyons stand der nächste Höhepunkt auf dem Programm, der künstliche Slalomkanal von Liptowsky Mikulas. Dieser Kanal wurde zum Training für die tschechische Slalomnationalmannschaft erbaut und ist somit normalerweise nur den Wettkampfspezialisten vorbehalten.

Aber nun durften wir ran. Extra für die Teilnehmer des Tatraringes wurde der Kanal geflutet und bot uns alle Schwierigkeitsgrade einer Slalomstrecke. Sie war mit Slalomstangen ausgesteckt, um zum einen die beste Durchfahrt anzuzeigen und zum anderen den Erfahrenen unter den Teilnehmern den Reiz von Weltmeisterschaften oder Olympischen Spielen zu bieten. Die weniger Erfahrenen, also wir, hatten nur das Ziel, irgendwie unten anzukommen.

Die verrückten Rollerfahrer

Nun ist das mit den Erfahrungen so eine Sache für sich. Ist man etwas älter, und so fühlten wir uns damals mit Anfang dreißig, überlegt man vorher ausführlich, wie die Sache anzugehen sei. Man analysiert den Slalomkanal und sucht die beste befahrbare Strecke aus. Dann fährt man mit Bedacht und der nötigen Umsicht die Strecke ab.

Günter – der fliegende Kajakfahrer

Die etwas jüngeren, hier also wieder Wolfgang und Tommy, sahen das natürlich ganz anders. Auf die Plätze, fertig, los. Und runter den Bach. Es sah auch ganz spielerisch aus. Da konnte man sehen, was Training ausmacht. Nach mehreren Fahrten wurden die Burschen immer draufgängerischer. Bis Tommy meinte: Das Ding fahr ich doch locker rückwärts.

Sprach's, stieg ein und fuhr durch die ersten Tore auch wirklich Heck voran. Da man aber bekanntermaßen hinten keine Augen hat, kam es, wie es kommen musste. Mehrere große Felsblöcke inmitten des Kanals, die man sonst locker umfährt, stellten sich Tommy in den Weg. Vielleicht sprangen sie auch extra in die Fahrrinne, jedenfalls rammte Tommy sein Boot voll auf die Steine.

Der Wasserdruck des runterrauschen Flusses war so groß, das es Tommy nicht mehr gelang, sein Kajak von den Steinen weg zu bewegen. Langsam kippte das Boot um und Tommy klammerte sich an die Felsen.

Der Autor ohne Strafpunkte

Er kam aber nicht aus dem Boot raus, er war völlig eingeklemmt. Und das Wasser drückte immer stärker. Mit Schrecken sahen wir, wie langsam, ganz langsam, die Bug- und die Heckspitze des Bootes in Richtung Unterwasser abknickten. Vor unseren Augen wurde ein Kajak im wahrsten Sinne des Wortes gefaltet.

Inzwischen waren zwei Retter ins Wasser gesprungen und bis zu den Steinen gekommen. Mit größter Mühe konnten sie Tommy aus der misslichen Lage befreien.

Aber das Boot war vollkommen hinüber. Irgendwann brachen sogar seine Spitzen ab und trieben durch den Slalomkanal stromab. Damit war eines der grünen Boote verloren. Und die Frage nach der Leichtsinnigkeit des Unternehmens hatte eine neue, aber eindeutige, Antwort erhalten.

Der schönste und anspruchsvollste Fluss, die Bela, stand als nächstes auf dem Programm. Bei wenig Wasser hatte sie zwar eine schnelle Strömung, war aber relativ gut zu befahren. Wohlgemerkt, bei wenig Wasser, was einen Wasserstand von fünfundvierzig Zentimetern entspricht.

Tommy hängt fest   und muss gerettet werden.

Der Rest des Bootes – Tommys Faltkajak

94

Vier Tage später sah die Sache jedoch ganz anders aus. Irgendwo im Gebirge hatte es heftig geregnet und das Wasser füllte nun die Flüsse auf. Am Pegel der Bela wurden jetzt fünfundachtzig Zentimeter gemessen. Ein Unterschied zur Vorwoche wie Tag und Nacht. Wildwasser mit den höchsten Anforderungen. So einen Wasserstand hatten selbst die Einheimischen lange nicht mehr gesehen.

Auf der Bela bei Niedrigwasser

Nach einigem Beratschlagen und Beobachten wollten drei Mutige die Abfahrt wagen, Olaf, Tommy und Wolfgang. Hier paarten sich nun altersbedingte Erfahrungen mit jugendlichem Draufgängertum. Nach eindringlichen Ermahnungen an das Jungvolk, sich immer hinter Olaf zu halten, legten die drei ab und los ging die wilde Jagd.

Auf der Bela bei Hochwasser

Olaf kämpft sich durch

Wir anderen fuhren auf der Straße nebenher und versuchten, ein paar schöne Fotos von unseren Helden zu machen. Es sah schon gewaltig aus, was sich da auf dem Fluss abspielte. Zeitweise fuhren die Jungs mehr unter als über Wasser. Und Olaf hatte bald Gelegenheit, uns eine professionelle Eskimorolle vorzuführen. Aber an einem quer über den halben Fluss liegenden Baum zog es ihn unter das Geäst und er kenterte. Olaf, der behauptete niemals zu kentern, war plötzlich nicht mehr zu sehen.

Später behaupte er, dass diese Kenteraussage nur gültig ist, wenn keine Bäume im Spiel sind. Insbesondere lebende Bäume, die sich einfach so in den Fluss werfen, um arme Kajakfahrer bei der Ausübung ihres Sportes zu behindern.

Beim Versuch das Boot zu verlassen, prellte er sich den Ellbogen an einem Felsen. Er konnte zwar noch rechtzeitig aussteigen. Aber sein rotes Kajak wurde gänzlich unter den Baum gezogen. Das war das letzte Mal, dass wir etwas vom ihm sahen. Totalverlust Nummer zwei. Nach nur drei und einem halben Kilometern mussten auch Tommy und Wolfgang aussteigen. Zu gefährlich, diesen Bach weiter zu befahren. Dafür reichte selbst die jugendliche Unbekümmertheit nicht aus, ein solches Risiko einzugehen. Die Jungs wären zwar gern noch weiter wild gepaddelt, aber wir sprachen ein Machtwort und erklärten die Tour für beendet.

Die Bäume bedeuten das Aus

Da ist nichts mehr zu retten

Was sogar stimmte, und zwar für alle, denn es war unser letzter Tag in der Hohen Tatra. Am nächsten Morgen brachten die Autofahrer unsere stark dezimierte Flotte zum Bahnhof Ruzomberok zurück. Das Verschicken der Boote verlief problemlos und ging nun auch schneller. Zwei Boote weniger bedeutete auch Papierkram für zwei Boote weniger. Hier wäre uns mehr Bürokratie ausnahmsweise lieber gewesen.

Unser Fazit: Wunderschöne Flüsse, aber deutlich zu hoher Materialverlust. Neben den beiden Totalschäden waren auch alle anderen Kajaks schwer mitgenommen. Da wartete zu Hause Arbeit, sehr viel Arbeit, auf uns, um die angeschlagenen Boote wieder fit für die nächsten großen Unternehmungen zu kriegen…

Der Hornad-Durchbruch

Die Materialschlacht
1982

Es gab unter der Kanufahrergilde in der DDR glückliche Menschen, nämlich jene, die ein Wildwasserboot besaßen. Eigentlich wurden Kunststoffboote nur für die Nationalmannschaften im Kanuslalom oder Wildwasserrennen bereitgestellt. Der so genannte Otto-Normalkanute musste sehen, wo er blieb. Es sei denn, er hatte eine Idee oder, noch besser, Beziehungen.

Nach unseren vielen Faltbooterfahrungen und der Erkenntnis, dass Wildwasserfahren mit Kajaks viel mehr Spaß macht, stellte sich alsbald die Frage, ob wir uns nicht eigene neue Wildwasserboote zulegen sollten. Die Verluste am Tatraring hatten den Bestand im Bootshaus schwer dezimiert. Zwar hatte Olaf dort einige alte Slalomboote stationiert, mit denen wir am Bootshaus auf ruhigem Gewässer ein bisschen üben konnten. Aber sie waren total dünn und würden unsere geplanten Touren nie durchhalten. Als einziges Plastikboot gab es einen so genannten Wandereiner zu kaufen. Der war aber viel zu lang und unbeweglich und für unsere geplanten Touren ebenfalls nicht geeignet.

Also hieß es: Selbst ist der Mann. Wir waren zwar alle Ingenieure, aber keine Bootsbauer. Wir planten, von einem alten Boot, das im Bootshaus lagerte und unseren Ansprüchen am nächsten kam, irgendwie eine Form abzunehmen. Das Boot war drei Meter lang. Es hätte also bedeutet, eine Wanne mit mindestens dreieinhalb Meter Länge zu bauen, diese mit angerührtem Gips zu füllen, das Boot reinzudrücken und zu warten, was passiert. Allein die Menge Gips und dann auch noch angerührt, ließ das Vorhaben sinnlos erscheinen. Wir beschlossen, die Aktion fallen zu lassen.

Wie immer kommt dem Interessierten und vor allen Dingen dem Tüchtigen der Zufall zu Hilfe, oder wie unser Freund Jean aus Paris immer zu sagen pflegt:

„Man muss an seine Chance glauben".

Und das taten wir. Irgendwie schaffte es Olaf, dem einzigen Kajakhersteller in der DDR eine so genannte Mutterform und die nötigen Sitzschalen abzuquatschen.

Jetzt hatten wir die Form und die Sitzschalen. Das war geschafft. Aber wie es in der DDR üblich war, hast Du das Eine, fehlt das Andere. Wir brauchten noch Glasfasermatten und jede Menge Epoxydharz.

Das fanden wir in einer Bootswerft in der Nähe unseres Bootshauses. Allerdings unter der Bedingung, dass wir dem Organisator auch ein Boot bauen oder ihm die Form zur Verfügung stellen sollten. Nun gut.

Jetzt hatten wir die Form, die Sitzschalen und alle notwendigen Grundmaterialien, aber wo sollten wir basteln, oder besser gesagt bauen? Im Bootshaus ging es nicht, das war auch zu weit entfernt, um möglichst oft am Feierabend Hand anzulegen. Wir brauchten eine Werft. Bei mir im Haus im Berliner Stadtbezirk Prenzlauer Berg war die untere Etage nur teilweise bewohnt, weil in einigen Erdgeschoßräumen keine Öfen mehr standen. Offensichtlich hatte schon jemand anderes für sie eine Verwendung gehabt. Für uns war so ein Raum ideal. Wir mussten ihn nur entrümpeln und Platz schaffen.

Jetzt hatten wir eine Form, die Sitzschalen, das Grundmaterial und eine Werft. Inzwischen war der Interessentenkreis auf vier Personen angewachsen. Olaf, Gerald, Matthias und ich legten los. Das konnte ja nun alles nicht mehr so schwer sein. Stimmt, die Matten, mit denen wir die Mutterform auslegten waren ganz leicht, aber tückisch. Überall pieksten die Glasfasern, alle unsere Klamotten waren voll davon und das Schlimmste stand uns noch bevor – das Laminieren.

Wir hatten unendlich viele Dosen Epoxydharz gekauft und fingen an, die Glasfasermatten mit dem Zeug zu bestreichen. Oder besser gesagt, zu betupfen, um Luftblasen aus der Fläche drücken zu können. Es klappte alles recht gut und die erste halbe Form, wir hatten mit einer Unterschale begonnen, nahm Gestalt an.

Als es heftig an der Tür bummerte.

Draußen stand ein Hausbewohner, Zornesröte im Gesicht, völlig aufgebracht, mit der Frage, was für eine Schweinerei wir denn da trieben. Er fühle sich durch den extremen Gestank derart belästigt, dass er gleich die Polizei rufen werde, wenn wir nicht sofort aufhören und so weiter und so weiter. Wir konnten den Mann kaum beruhigen. Mit leichten Protesten hatten wir zwar gerechnet, aber nicht mit solchen massiven.

Was wir nicht bedacht hatten war, dass sich durch die geöffnete Tür und die Thermik des Treppenhauses der Epoxydharzgeruch bereits im ganzen Haus verbreitet hatte. Und es stank wirklich bestialisch. Die Nachbarn konnten uns Leid tun. Wir, die mitten drin standen, rochen schon gar nichts mehr. Deshalb war uns auch nichts aufgefallen. Und was wir am Allerwenigsten brauchen konnten, war die Polizei, da wir den Raum ja sozusagen illegal besetzt hatten.

Nachdem der Mann sich angesehen hatte, woran wir arbeiteten, beruhigte er sich etwas, denn er war Segler und dem Wassersport wohl gesonnen. Wir versprachen, immer die Türen zu schließen. Zusätzlich hängten wir noch eine Plastikfolie vor die Tür. Aber trotzdem musste der Gestank ja irgendwo hin. Also öffneten wir das Fenster zum zweiten Hinterhof und ließen ihn dorthin entweichen.

Das Ergebnis war nahezu das gleiche. Nur anders. Diesmal stand kein Mann an der Tür, sondern eine Frau. In deren Küche hatte sich der Epoxydharzduft verzogen. Und sie war keine Seglerin und auch sonst dem Wassersport abhold. Sie zeigte deshalb kein Verständnis und zeterte weiter. Mit Mühe konnten wir ihr das Zugeständnis abringen, weiter arbeiten zu dürfen. Aber nur, wenn sie zur Arbeit oder sonst nicht zu Hause war.

Super, jetzt hatten wir zwar eine Werft, konnten diese aber nur am Tage benutzen, wenn wir selbst unseren Berufen nachgingen. Ein Teufelskreis.

Wie hatten keine Wahl und ließen es drauf ankommen. Wir produzierten, egal zu welcher Zeit, im Eiltempo immer wochenweise je eine Unterschale und eine Deckschale. Dann war erst einmal Schluss, denn sie mussten trocknen bzw. aushärten. Ein Problem hätten die niedrigen Temperaturen sein können, denn wir produzierten im Winter ohne eine Möglichkeit, die Werft zu beheizen, da ja die Öfen ja fehlten. Und je kälter die Umgebungstemperatur war, desto länger würde das Aushärten dauern.

Vier Wochen später versammelten wir uns wieder, um die Hochzeit der Schalen vorzunehmen und die Sitze einzupassen. Nun würde sich herausstellen, ob wir trotz Hektik und Eilzugtempo exakt genug gearbeitet hatten. Langsam ließen wir die ersten Schalen den Bund der Ehe schließen. Bis auf ein paar kleine Stellen passten beide genau aufeinander. Einige kleine überstehende Ränder wurden mit Sandpapier abgeschliffen und alles saß wie angegossen. Auch die vorgefertigte Sitzschale passte in die Öffnung der Oberschale.

Nun ging es wieder los. Beiden Teile mussten mit Glasfaserstreifen und Epoxydharz miteinander verklebt werden, was wiederum nicht ohne die in unseren Nasen inzwischen angenehmen Gerüche abging. Aber zu unserem Erstaunen beschwerte sich keiner mehr. Vielleicht hatten sich auch die Hausbewohner inzwischen an den Duft gewöhnt oder waren gar schon süchtig danach. Wie auch immer, die Boote wurden fertig und nun in der Werft zur Bewunderung frei gegeben. Was waren wir stolz, bald konnten wir den Wassertest machen.

Aber so, wie die Boote aussahen, wollten wir sie nicht der Öffentlichkeit präsentieren. Ein Anstrich musste her und Namen brauchten sie auch noch. Überraschenderweise gab es Farbe verschiedenster Art zu kaufen, so dass jeder den Anstrich seiner Wahl anbringen konnte. Ich entschied mich für ein sattes Blau. Nun lag es da, das Boot, schick, ohne Kratzer und blau glänzend.

Aber leider mitten im Prenzlauer Berg und nicht im Bootshaus in Hessenwinkel. Wie transportiert man ein drei Meter langes Boot mit einem Auto Marke „Trabant"? Vielleicht mit einem Anhänger? Aber wir hatten weder den noch eine entsprechende Kupplung.

Blieb nur der Dachtransport. Natürlich gab es einen Dachgepäckträger, um damit Boote zu transportieren, für den Trabant damals nicht. Also musste wieder einer Marke „Eigenbau" her.

Zunächst machten wir einen Plan, dann eine Zeichnung und zum Schluss eine Stückliste. Wir brauchten Vierkantstahlprofile und ein Schweißgerät. Die Profile hatten wir irgendwo her, heute weiß ich nicht mehr so genau, wer sie anschleppte. Aber woher sollen wir ein Schweißgerät nehmen. Irgendein Kumpel eines Freundes vom Schwager einer Frau hatte eine Autowerkstatt, wo wir den Plan in die Tat umsetzen konnten.

Es entstand ein wunderbares Gestell, das exakt auf das Trabidach passte und nun nur noch befestigt werden musste. Aber das hat uns wirklich Kopfzerbrechen gemacht. Das Trabidach war ja wie die gesamte Karosserie aus Presspappe. Es gab dort zwar eine Regenrinne, aber Vertrauen erweckend sah die nicht aus. Sie erfüllte zwar ihren Zweck und ließ den Regen ablaufen, aber als Befestigungspunkt war sie viel zu labil. Wir würden die Last also auf mehrere Stellen verteilen müssen, damit uns das Dach nicht samt Booten bei der Fahrt wegfliegt.

Die Lösung brachten so genante Seilspanner, die wir mit dem einen Ende am Gestell anschweißten und am anderen Ende so aufbogen, dass sie exakt unter die Regenrinne passten.

Nun konnten wir mit den Spanngewinden die nötige Befestigungskraft einstellen. Fertig, so einfach. Ich liebe es, wenn ein Plan funktioniert.

Und dann war er gekommen, der große Tag. Stolz wie die Spanier fuhren wir mit unseren Autos, den neuen Dachgepäckträgern und den einzigartigen Booten in Hessenwinkel vor. Die anderen warteten schon, um den Stapellauf zu erleben. Hoffentlich war alles dicht, die Blamage wäre sonst ungeheuer.

Wir ließen die Boote zu Wasser. Zumindest schwammen sie, wenn auch noch ohne Besatzung. Nun kam es drauf an. Langsam ließ ich mich in das Boot gleiten, wobei gleiten vielleicht übertrieben ist, es war mehr ein Reinzwängen. Aber ich saß drin. Hatte ein Paddel in der Hand, aber noch immer die Angst, gleich abzusaufen. Nichts passierte. Kein plötzlicher Wassereinbruch wie bei der Titanic nach dem Eisbergtreffer. Gerald stieg ein und hatte auch kein Problem.

Matthias zwängte sich ins Boot, rutsche mit der Hand am Steg ab und – lag im Wasser. Das Boot schwamm kieloben im Fluss. Auch von unten sah das neue Kajak prima aus. Noch! Denn auch beim zweiten Versuch, den Stapellauf zu vollziehen, wurde Matthias nass. Plötzlich kam aus jeder Pore des Bootes Wasser ins Innere gelaufen. Da war er, der Titanic-Effekt. Innerhalb von wenigen Sekunden war Matthias abgesoffen. Das Boot war offensichtlich vollkommen porös. Matthias hatte sein Kajak bei zu niedrigen Temperaturen laminiert. Das Harz wurde nicht flüssig genug, um in alle Poren zu laufen und diese zu verschließen. Er musste das Boot noch einmal vollkommen neu mit einer Glasfaserschicht und Harz versehen

Nun war die offizielle Taufe vollzogen. Alles Weitere lief glatt, wir waren nun bereit für die großen Taten auf den Wildflüssen der, oh je, beinahe hätte ich „Welt" geschrieben, aber unsere Welt hatte nur die beschränkten Möglichkeiten, die ein eingezäuntes Land zuließ.

Nach den Mühen der Ebene, also dem Bootsbau, stellten sich weitere Fragen. Wie würden sich die neuen Boote auf dem Wildwasser machen? Überstanden Sie die Praxis mit Steinen im Fluss und Wehrabfahrten? Wir konnten es kaum erwarten…

Das Leben früher und heute
Schlaube 1982

Mit den Kindheitserinnerungen ist es so eine Sache. Manche sind verklärt und erscheinen später in glänzendem Licht. Meistens haben diese Erinnerungen etwas mit Oma und Opa zu tun. Zum Beispiel das Verbringen der Schulferien in einem Kaufhaus, in dem die Oma die Chefin der Spielwarenabteilung ist.

Manche Erinnerungen möchte man am Liebsten aus dem Gedächtnis streichen. Diese haben meistens etwas mit Vater und Mutter zu tun. Quälendes Üben eines Instrumentes zum Beispiel. Und das immer zu unpassender Zeit, wenn alle anderen Kinder, mit Pfeil und Bogen über die Wiesen und Felder tobten. Und manche Erinnerungen, die man eigentlich schon verdrängt hat, werden plötzlich wieder wach. Dazu bedarf es natürlich eines Auslösers.

In vorliegen Fall war dies das neue Kajak. Ein Kajak dient dem Befahren von Flüssen und Seen oder anderen Gewässern. Auch den Bächen. Und so ein Bach, nicht weit von Berlin entfernt, fließt im schönen Schlaubetal und heißt, weil er durch nämliches Tal fließt, Schlaube. Es kann natürlich auch sein, dass das Tal Schlaubetal heißt, weil die Schlaube hindurch fließt. Das spielt aber bei den Erinnerungen keine wesentliche Rolle. Vielmehr kannte ich das Schlaubetal seit frühesten Kindheitstagen. Meine Familie verbrachte den gesamten Sommer als Dauercamper auf einem Zeltplatz am Großen Treppelsee, ganz in der Nähe der Bremsdorfer Mühle an der Schlaube.

Wir Kinder eroberten das Schlaubetal auf die uns eigene Art und Weise. Wir tobten mit Pfeil und Bogen durch die Wälder und Felder, sprangen in die Seen und, jetzt kommen die weniger guten Erinnerungen, mussten ständig mit den Eltern Pilze und Blaubeeren sammeln. Und dann war da noch die Sache mit dem Musikinstrument, ausgerechnet Akkordeon. Selbst das war immer mit dabei und musste bespielt werden, auch wenn alle andere Kinder mit Pfeil und Bogen…

Aber nun zur Schlaube. Von der Quelle der Schlaube in der Wirchenwiese, unmittelbar südlich des Wirchensees, bis zum Großen Müllroser See bewegt sie sich auf einer Länge von zweiundzwanzig Kilometern durch tief in die Hochfläche eingeschnittene wildromantische Täler, Seen, Teiche und Erlenbrüche.

Die Schlaube durchfließt nacheinander den Kleinen und Großen Treppelsee, den Hammersee, den Schinkensee und den Langensee. Der weitere Lauf der Schlaube als Wiesenbach führt bis zum Großen und Kleinen Müllroser See und mündet später in den Brieskower See sowie in die Oder.

Unterwegs passiert die Schlaube auch die schon genannte Bremsdorfer Mühle. Eben an dieser wollten wir bei gutem Wasserstand die Befahrung der Schlaube beginnen. Nach mehrtägigem Regen Anfang Oktober schien uns, Olaf und mir, ihr Wasserstand ausreichend hoch genug zu sein, um dort zu starten. Wie es immer so war, gab es keine Wasserwanderkarte, sondern nur meine Erinnerungen aus der Kindheit bzw. von einigen späteren Wanderungen durch das Tal.

Nicht nur wir hatten die Schönheiten des Schlaubetals erkannt, sie waren auch der herrschenden Schicht der Parteifunktionäre nicht verborgen geblieben. So waren weite Abschnitte im Oberlauf des Baches, also oberhalb der Bremsdorfer Mühle, als Sperrgebiet, sprich Jagdrevier der SED-Bonzen, ausgewiesen und für den „normalen" Bürger nicht begehbar. Wir hofften, auf dem Unterlauf ab der Bremsdorfer Mühle würde das anders sein. Doch wir wurden bald eines Besseren belehrt.

Ein Frühstück, das wie in der Bremsdorfer Mühle einzunehmen gedachten, musste ausfallen, da die Mühle aus unerfindlichen, also DDR-typischen, Gründen geschlossen hatte. Na prima, das fing ja gut an. Aber es gab noch mehrere Einkehrmöglichkeiten unterwegs, da würden wir schon noch Speis und Trank bekommen.

Ungestört starteten wir auf der nur drei Meter breiten Schlaube in Richtung Großer Treppelsee. Die umgestürzten oder überhängenden Bäume machten hier noch Spaß und würzten eher die Paddelei. Drei Kilometer weiter kam die Mündung in den See in Sicht. Wundervoll öffnete sich der Blick auf die andere Uferseite, wo das Herbstlaub in den prächtigsten Farben leuchtete. Ruhig lag der See in der Sonne.

Es war eine wahre Lust, über den Treppelsee und den sich anschließenden Hammersee zu gleiten. Beschwingt näherten wir uns der Ausfahrt aus dem See in die Schlaube. Dazu mussten wir einen kleinen Steg am Haus des Fischers, wir vermuteten, der würde da wohnen, überwinden.

Ein Gitter, das normalerweise den größeren Fischen die Flucht in Richtung Ostsee vermasseln sollte, war wegen des hohen Wasserstandes geöffnet. Ob die Fische die Fluchtmöglichkeit erkannten und auch nutzten ist nicht bekannt.

Schlaube an der Bremsdorfer Mühle

Einfahrt auf den Großen Treppelsee

Wir wollten gerade wieder ablegen, als wir von einem Herrn in Uniform angesprochen wurden, was hier unser Begehr sei. Natürlich drückte er sich nicht so gewählt aus. Erstens sprach er sächsisch, was schon mal verdächtig war im märkisch-preußischen Schlaubetal. Und zweitens schnauzte er uns an, von hier zu verschwinden, denn die Schlaube vom Hammersee bis zum Kleinen Schinkensee sei Sperrgebiet. Ob wir denn die Schilder nicht lesen könnten. Wir erklärten ihm, dass auf der Schlaube keine Schilder zu sehen waren, wie also auch wirklich keine lesen konnten.

Eine Diskussion war zwecklos, er raunzte nur noch mehr. Aber wir hatten einen Riesenvorteil, saßen wir doch im Boot und der Herr stand an Land. Was hätte er tun können? Hinterherspringen? Dann wäre er mit seiner Uniform wahrscheinlich untergegangen. Zeter und Mordio schreien? Das tat er auch so, deshalb ließen wir uns davon noch lange nicht beeindrucken. Wir legten einfach ab und fuhren weiter auf der Schlaube in Richtung Schinkensee.

Der Herr sprang aufgeregt am Ufer hin und her. Da er auf der falschen Seite des Baches war, an dem kein Weg nebenher führte, hätte er, um uns zu erwischen, erst zurück zum Steg und über denselben rennen müsse. Da wären wir längst entkommen. Wir hofften sehr, dass er keine Waffe, welcher Art auch immer, in seiner Uniform versteckt hatte und falls doch, dass er sie nicht gebrauchen würde.

Großer Treppelsee im Herbst

Denn wir wussten ja, wer sich das schöne Tal als Sperrgebiet reserviert hatte. Gerade hier an dieser Stelle thronte dreißig Meter über dem See ein Haus, dessen Name Programm zu sein schien: Forsthaus Siehdichum. Erst später nach der Wende erfuhren wir, dass es sich tatsächlich im Besitz der Staatssicherheit befand und als Jagd- und Schulungsheim dieser „Organisation" diente. Wie treffend! Und was die wohl gejagt haben, wollten wir lieben nicht wissen.

Auf jeden Fall machten wir, dass wir so schnell als möglich davon kamen. Auf dem Schinkensee hatten wir wieder unsere Ruhe, von dem Männchen an Land war nichts mehr zu sehen und zu hören.

Erst jetzt spürten wir, dass der Hunger heftig an uns zu nagen begann. Der Durst war nicht so schlimm, denn erstens hatten wir Getränke an Bord und zweitens war das Wasser so klar und sauber, dass man es ohne Bedenken trinken konnte. So waren wir sehr froh, als wir endlich das Rauschen des Wehres am Kupferhammer vernahmen. Der Kupferhammer hämmerte kein Kupfer mehr sondern höchstens noch Schnitzel in der Küche, und diese, wenn möglich, für uns.

Schinkensee, so stellten wir uns Kanada vor.

Doch daraus wurde nichts, da er aus unerfindlichen, also DDR-typischen, Gründen geschlossen hatte. Na prima, das ging ja gut weiter. Es war absolut unverständlich, dass alle Restaurationen im Tal an einem Sonntag bei schönstem Wetter geschlossen hatten. Aber was will man schon von einer Gegend erwarten, in der man ständig beobachtet wird und wahrscheinlich selbst die Betreiber der Schänken zur „Firma" gehörten.

Wie hätten sie denn sonst eine Genehmigung für den Betrieb ihrer Gasthäuser in der Nähe oder sogar in den Sperrgebieten bekommen können.

Was blieb uns also übrig, als weiter in Richtung Müllrose zu paddeln. Uns war ja klar, dass wir an der Ragower Mühle auch nichts zu essen bekommen würden.

Denn diese war schon lange nicht mehr bewirt-schaftet. Und da selbst beim Paddeln über den Schinkensee weit und breit kein Schinken zu sehen war, mussten wir langsam über die Zukunft nachdenken. Sollten wir den Schwan, der drei Kilometer lang vor uns her schwamm, schlachten? Ob der überhaupt schmeckt? Also abgelehnt!

Die Schlaube verlor sich bald in einem riesigen Schilfgürtel, in dem die Fahrrinne kaum noch zu erkennen war. Da außer uns niemand mit einem Boot durch den Dschungel drängte, war klar, dass wir, falls wir uns verirren würden, qualvoll den Hungertod sterben würden. Und das die Herren aus Siehdichum einen Suchtrupp zu unserer Rettung losschicken würden, war eher zweifelhaft.

Stattdessen hatten die sich etwas ganz perfides ausgedacht und eine Abordnung von Millionen kleiner schwarzer Fliegen ausgeschickt, uns das Paddlerleben weiter zu erschweren. Diese Biester drangen in alle frei verfügbaren Körperöffnungen ein. Ständig krochen sie in Nase, Augen und Ohren und beraubten uns somit fast aller Sinne. Hätten wir den Mund aufgemacht, wären wir davon vielleicht sogar satt geworden. Doch hatten wir ja eigentlich an ein Schnitzel gedacht, vielleicht mit Bratkartoffeln und etwas Gemüse, alles gut gewürzt, und dazu ein kühles Bier und und...

Vor Kupferhammer

113

Mit einer gehörigen Portion Selbstmotivation suchten wir die Fahrrinne. Immer wieder steckten wir im Schilf fest und mussten rückwärts fahren. Olaf versuchte, im Boot aufzustehen und so über das Schilf blickend einen möglichen Weg zu finden. Dabei wäre dann beinahe vor dem Hungertod noch der Tod durch Ertrinken oder Piranjas gekommen.

Schlaube an der Mittelmühle

Nach für uns unerträglich langer Zeit, hatten wir es geschafft. Der Bach war wieder frei und wir hauten kräftig rein, um den nun vor uns liegenden Großen Müllroser See zu bezwingen.

Endlich erreichten wir Müllrose. Endlich erreichten wir ein Gasthaus an der Uferpromenade. Endlich würde wir ein Schnitzel mit Bratkartoffeln vertilgen, vielleicht auch zwei oder gar drei. Endlich würden wir ein Bier bekommen. Doch daraus wurde nichts, da das Gasthaus aus unerfindlichen, also DDR-typischen, Gründen geschlossen hatte.

Und so beendeten wir eine herrliche herbstliche Tour durch das Schlaubetal, wie wir sie begonnen hatten, hungrig. Das wir dann doch nicht verhungert, sondern ein geöffnetes Lokal, und zwar am Oder-Spree-Kanal, fanden, grenzte an ein Wunder. Es hatte aus unerfindlichen, aber nicht DDR-typischen, Gründen geöffnet. Es gab zwar kein Schnitzel, dafür aber ein Riesenkotelett. Und Bratkartoffeln! Und ein Bier! Und also geht es mit neuen Geschichten weiter...

Die Kälte in der Neubauwohnung
Thüringen-Rundfahrt 1983

Eine schwere Entscheidung, die man früher oder später im Leben treffen muss, ist: Wie will ich wohnen? Dabei spielen neben dem durchaus wichtigen Aspekt der Bezahlbarkeit auch die Fragen der Familienplanung und der Herkunft eine wichtige Rolle. Kommt man vom Lande und ist groß geworden in einem Einfamilienhaus, dann wird man auch selbst in einem solchen wohnen wollen, wenn die Finanzen es hergeben.

Hat man viele Kinderlein wird sich die Frage nach einem Haus ebenso bald stellen, denn große Wohnungen sind oft teurer als der Unterhalt eines kleinen Häuschens. Aber viele in der ehemaligen DDR bevorzugten die Sicherheit und den Komfort einer Neubauwohnung, um sich den Ärger der immer währenden Instandhaltung eines eigenen Hauses ohne verfügbares Material zu ersparen. In der Neubauwohnung war es warm, manchmal zu warm, und der Mietpreis war auch nicht hoch, nicht zu hoch.

Der geneigte Leser wird sich fragen, was das jetzt alles mit dem Kajakfahren zu tun. Er wird es bald lesen.

Es gab und gibt verrückte Vögel unter den Kajak-Fahrern. Die meisten von ihnen halten es zu Hause nicht mehr aus, wenn der erste Sonnenstrahl des Frühlings durch die Fensterscheibe kuckt. Dieses Kribbeln in den Händen und die Vorstellung, ein Boot unter dem Hintern zu haben, macht ganze Familien verrückt. Geht es aber nur dem Manne so, wird sich manche genervte Ehefrau denken, wann haut der Alte bloß endlich wieder aufs Gewässer ab und fährt Boot. Auf das wieder Ruhe einziehe in den häuslichen Gemächern.

So oder ähnlich ist es uns Anfang März 1983 ergangen. In der Erahnung einer bald einsetzenden Schneeschmelze im Thüringer Wald fuhren Olaf, Matthias und ich los, um eine Reihe von Befahrungen dortiger Flüsse vorzunehmen. Zwei Dinge, das vorab, traten nicht ein. Erstens schmolz der Schnee im Thüringer Wald nicht und zweitens tat uns der Frühling nicht den Gefallen die bewussten wärmenden Strahlen auf die Erde, oder zumindest nach Thüringen, zu schicken.

Erstaunen bei der Dorfbevölkerung

So geriet schon die Befahrung der Hörsel von Schönau bis nach Eisenach zu einer Kältetortour, in der unsere Hände beinahe am Paddel festfroren. Schon vor dem Einsteigen war die Kälte unter die Klamotten gekrochen. Dichter Nebel führte auch noch zu einer ziemlichen Blindfahrt und so kam es wie es kommen musste: In Wutha gelang mir an einer Schwelle eine geniale Kenterung und ich musste ans Ufer. So schnell war ich noch nie umgezogen.

Und da das Wasser, wohl ob der fehlenden Schneeschmelze, die das eingeleitete Abwasser nicht verdünnen konnte, entsetzlich stank, brachen wir die erste Tour bald wieder ab. Wir mussten umdenken. Wo könnte bloß genügend Wasser im Bach sein, war die alles entscheidende Frage. Und stinken sollte es, wenn möglich, auch nicht. So beschlossen wir, zum Fluss namens Schleuse zu fahren und von dort dann weiter auf der Werra bis Themar. Damit hätten wir auch den Anschluss an unsere frühere Werrafahrt hergestellt.

Los geht es; bei gewaltiger Kälte

Zu unserer Überraschung lag in Rappelsdorf an der Schleuse noch Schnee. Glücklicherweise war der Fluss nicht zugefroren. Nur eine kleine Eiskruste am Rand zeugte von der Kälte. Klares Wildwasser, wenn auch nicht viel, ließ für die Tour einiges erwarten. Die Dorfbewohner schauten uns bei unseren Vorbereitungen mitleidig an, machten einige untröstliche Bemerkungen über die Kälte und trollten sich dann wieder hinter ihren warmen Ofen.

Etwas, oder viel mehr sehr, ungläubig schaute uns die Dame im Gemeindeamt von Rappelsdorf an, als wir unsere Fahrtenbücher abstempeln ließen, als Beweis, dass wir wirklich am 4. März dort paddeln waren. Anschließend ging es prima und ohne Probleme die Schleuse flussab.

Bis wir an die Werra kamen. Schlagartig änderte sich die Wasserqualität. Da die Werra aus der Rhön gespeist wird und da wohl gerade Schneeschmelze war, hatten wir leichtes Hochwasser. Unglaubliche Mengen von Dreck trieben die Werra hinab. Wobei eine alte Badewanne noch lustig war. Die Unmengen Plastikkanister dagegen nicht. Wer weiß, was da drin gewesen war oder noch drin sein könnte.

Offensichtlich hatte das Hochwasser die Gärten der Anwohner gereinigt und alles, was nicht fest mit dem Grundstück verbunden war, in den Fluss gespült.

Wehr an der Schleuse

Ankunft in Themar

An den Ästen der Uferbäume hingen Papierfetzen und Plastikplanen, es war fürchterlich und erinnerte uns an unsere erste Werrafahrt, bei der es nicht viel anders aussah. Grauenhaft! Wir waren froh, bald in Themar angekommen zu sein.

Schnell aufladen und weg von der Werra. Wir fuhren nach Katzhütte an die Schwarza, um in der Jugendherberge unser Quartier aufzuschlagen. Zu unserer großen Verwunderung war die Jugendherberge geschlossen.

Damit hatten wir nicht gerechnet. Da standen wir nun im Schnee und mit Booten auf den Autodächern ratlos herum. Die Skifahrer glaubten wohl an eine Fata Morgana, als sie uns sahen. Dagegen sprach, dass wir entsetzlich froren. Wir fragten uns im Orte durch, wo denn der Chef der Herberge sein könnte und fanden ihn beim Biere im Wirtshaus.

Er erklärte uns, die Herberge sei zu, weil bei diesem Wetter kein Wanderer des Weges kam und mit Kajakfahrern habe er um diese Jahreszeit nicht gerechnet. Aber er ließ uns ein. So hatten wir die ganze Herberge mit samt der Kälte für uns allein, denn es dauerte unendlich lange, bis wenigstens ein Raum etwas warm wurde. Dabei mussten wir doch noch Hitze tanken für die Kältefahrt am nächsten Tag auf der Schwarza.

Bei minus fünf Grad wollten wir am nächsten Morgen direkt an der Jugendherberge in Katzhütte starten. Aber der Wasserstand war extrem niedrig. Wir beschlossen, ein Stück mit den Autos flussab zu fahren und herauszufinden, wo die Schwarza schiffbar sein könnte. Endlich, in Mellenbach, konnten wir einsetzen. Der Fluss Schwarza machte glücklicherweise hier seinem Namen noch keine Ehre. Er führte glasklares Wasser, wenn auch nicht viel. Es war die Grenze zur Befahrbarkeit. Hatten wir bisher oft zuviel Wasser im Fluss, hier war es eindeutig zu wenig.

Und um dem Ganzen noch die Krone aufzusetzen verschwand der ganze Fluss am ersten Wehr komplett in den Mühlgraben eines Sägewerkes. Im Flussbett waren nur noch Steine. Wir mussten die Boote einen Kilometer weit tragen und konnten erst dann wieder einsetzen.

Es wurde auch dies eine Tortour. Immer wieder hatten wir Grundberührungen oder schrapelten an Felsen entlang. Manchmal war nicht einmal eine Fahrrinne zu erkennen. Als erster hatte Mattias ein Loch im Boot, irgendwo an einem Felsen aufgeschlagen. Kurze Zeit danach lief auch mein Boot langsam voll Wasser. Also beendeten wir in Schwarzburg die Fahrt und besahen uns die Schäden. Schnell war klar, wir mussten am Abend mit Glasmatte und Epoxydharz reparieren, sonst war die ganze Fahrt zu Ende.

Schwarza bei Katzhütte im März

Das ging jedoch nur, wenn wir einen warmen Platz finden würden, denn bei Kälte konnten wir das Harz nicht anrühren. Wir hofften, in Arnstadt in der Jugendherberge könnten wir das machen. Doch die Herberge war voll mit Schülern auf Klassenfahrt und konnte oder wollte uns nicht aufnehmen. Was nun?

Und endlich kommt nun die Neubauwohnung ins Spiel.

Ich erinnerte mich an einen alten Studienfreund, der in Arnstadt wohnte. Kurzerhand fuhren wir bei ihm vorbei, stellten jedoch fest, dass die alte Adresse nicht mehr stimmte. Nachbarn erklärten uns, dass er vor kurzem ausgezogen war und nun in einem schicken Häuschen am Stadtrand wohne. Glücklicherweise hatten sie die neue Adresse und schon standen wir bei Matzi (Matthias) vor dem Haus. Der staunte nicht schlecht. Erst hörte man Jahre nichts voneinander und dann standen gleich drei Mann mit Booten vor der Tür. Nach einem Begrüßungsbierchen schlug Matzi vor, dass wir in seine alte Neubauwohnung einziehen könnten, da er die noch hatte, um sie später für die Übergabe zu renovieren. Und genau das hatten wir gehofft.

Gesagt, getan. Wir fuhren nun mit dem Schlüssel bewaffnet zurück und drehten als erstes alle Heizungen auf. Bis es warm wurde, gingen wir mit Matzi und seiner Frau Dörte in ein Gasthaus in der Nähe. Natürlich hatten wir verschwiegen, dass wir in der wunderbar leeren Wohnung noch eine Reparaturwerft für Kajaks einzurichten gedachten.

Wir schoben so alsbald große Müdigkeit vor und machten uns auf den Weg in die zukünftige Werft, die hoffentlich inzwischen gut temperiert war. Dummerweise befand sie sich aber im zweiten Stock des Wohnblockes und wir bemerkten schnell, dass es unmöglich war, die Boote durch das Treppenhaus nach oben zu transportieren.

Es blieb nur der Balkon. Matthias und Olaf positionierten sich dort und ich unten vor dem Haus. Wir hatten zwei von unseren Zurrgurten vom Dachgepäckträger zusammengebunden und an der Bootsspitze befestigt. Langsam zogen die oben Stehenden das Boot in den zweiten Stock hinauf.

Nun ist aber so ein Boot von drei Metern Länge nicht sehr handlich und es bedurfte schon einiger Anstrengung, das lange Teil in die Wohnung zu bugsieren. Da lagen nun die drei Boote sicher in der Wohnung und vor allem warm. Matzi hatte schon für die Renovierung alles vorbereitet, so dass der Boden mit Pappe ausgelegt war. Ideal für unser Vorhaben. Ein Radio war auch da und es konnte losgehen.

Da mussten die Boote rauf

Wir schliffen die beschädigten Teile an den Booten aus und legten Glasfasermattenteile drauf. Matthias rührte das auf der Heizung angewärmte Epoxydharz an und wir konnten laminieren. Wir waren fleißig am Arbeiten, hatten das Fenster geöffnet und wie immer vergessen, dass das Harz fürchterlich stinkt. So dauerte es dann auch nicht lange, bis es klingelte und sich der empörte Bewohner der darüber liegenden Wohnung über den widerlichen Geruch beschwerte.

Wir erklärten ihm, in der Hoffnung, dass er unsere Bootsaktion nicht bemerkt hatte, dass wir die Fußbodenleger sind und am nächsten Tag alles wieder in Ordnung sei. Ob er uns glaubte, wissen wir nicht. Auf jeden Fall war es wohl aber für Matzi das Beste, aus der Wohnung ausgezogen zu sein.

Die Drei von der Werft (mit Selbstauslöser)

Repariertes Boot

Im Morgengrauen des nächsten Tages ließen wir die Boote, nun repariert, vom Balkon wieder runter und machten uns aus dem Staub. Unser neues Ziel hieß Waltershausen an der Apfelstädt, die in die Gera, also den Fluss gleichen Namens wie die Stadt, mündet. Mit Rücksicht auf unsere frisch reparierten Boote brachen wir die Fahrt auf der mit Müll übersäten

Apfelstedt sehr vorsichtig hinter uns, um dann auf der Gera gemütlich gen Erfurt zu fahren.

Flussidylle auf der Apfelstädt

Eines hat uns die Tour gelehrt: Vertraue niemals dem Wetterbericht zu Hause, wenn Du in die Ferne willst. Und noch viel wichtiger ist es, immer eine Neubauwohnung dabei zu haben, zumindest bei Niedrigwasser…

Auto, Auma und Auweia
Vogtland 1983

„Deher Mai ist gekommen…". So fängt ein altes Frühlingslied an. Für Kanuten hat der Wonnemonat eine ganz besondere Bedeutung. Endlich gibt es schönes und meistens stabiles Wetter. Und dann hält der Mai auch noch eine Fülle von Feiertagen bereit, die, in richtiger Kombination mit einigen Urlaubstagen, eine ganz erklecklich zusammenhängende freie Zeit ergeben. Da lohnen sich dann auch weite Anreisen. Und das gemeinsam mit der ganzen Familie.

In unserem Fall hieß das, die Frühjahrsferien der Kinder zu nutzen und ins Vogtland aufzubrechen. Wir schlugen unser Quartier am Gippewehr in Elsterberg an der Weißen Elster auf. Gabi und Hubert, die uns schon einmal bei unserer Faltbootfahrt auf der Elster mit Quartier, Wärme und Trockenheit versorgten, verschafften uns und unseren Familienmitgliedern Unterschlupf auf dem Dachboden ihres Hauses und in den Zelten im Garten.

Wir hatten uns vorgenommen, viel Zeit in den Booten zu verbringen. Das war auch nicht schwer bei dem umfangreichen Flussangebot des Vogtlandes, denn mit Weißer Elster, Gölzsch, Trieb, Weida und Auma lagen gleich fünf Wässerchen direkt in der Nähe.

Mit der Weißen Elster und insbesondere mit dem Wildwasserstück Steinicht hatten wir ja noch eine Rechnung offen. Zwar war die Fahrt 1980 für uns unglaublich und unvergesslich. Jedoch hatten wir damals extremes Hochwasser, in dem der Steinicht seine Steine versteckte. Das tat er Anfang Mai 1983 nicht und stellte sie genau in den Weg, wie es sich für eine verblockte Wildwasserpassage auch gehört.

Wir hatten Glück, denn in dem schwierigsten Stück war eine Slalomstrecke durch eine Trainingsgruppe aus Gera ausgesteckt worden. Diese Slalomtore zeigten uns damit auch die beste befahrbare Strecke durch den Steinicht. Insgesamt fädelten wir uns dreimal bei unterschiedlichen Wasserständen und damit unterschiedlichen Schwierigkeitsgraden durch. Es war ein Riesenspaß, dort zu fahren, zumal wir uns ja inzwischen schon ziemlich gut im Wildwasser bewegen konnten.

Am Anfang des Steinicht

Am Ende des Steinicht

Der Fluss Gölzsch bereitete uns auch keine Probleme, wenn man mal vom wie immer niedrigen Wasserstand absah. Allerdings war es beeindruckend durch das Gölzschtalviadukt zu fahren. Dies ist die größte aus Ziegelsteinen erbaute Brücke der Welt (Baujahre 1846-1851) und mit 577 m Länge und 78 m Höhe echt gewaltig.

Aber dann war ja da noch die Auma. Sie speist die Aumatalsperre in Schömberg, die 1933 erbaut wurde. Auf deren Ablauf sollte unsere Fahrt bis zur Mündung in die Weida beginnen. Ich hatte mich vorher beim Wasseramt in Auma nach dem Pegelstand erkundigt und, ob mit einem „Zuschusswasser" aus der Talsperre zu rechnen sei.

Die Dame im Wasseramt war absolut überfordert mit meinen Fragen. Von Zuschusswasser hatte sie noch nie etwas gehört. Ich erklärte ihr, dass damit ein eventueller Wasserablass aus der Talsperre gemeint war, den wir dann nutzen wollten, um bessere Bedingungen, also einen besseren Wasserstand, zu haben. Sie meinte, dass sie nicht zuständig wäre und keine Ahnung hätte, was ich von ihr will. Ich sollte mich woanders erkundigen und sie endlich zufrieden lassen. Anderenfalls würde sie die Polizei verständigen, von wegen Belästigung uns so weiter.

Prima, so hatte ich mir Bürgernähe immer vorgestellt. Es blieb uns also nichts anderes übrig, als uns vor Ort ein Bild von der Situation zu machen. Wir fuhren normal auf der Straße an der Talsperre zum Staudamm und besahen uns die Sache von oben.

Da es in den letzten Wochen häufig geregnet hatte, gingen wir davon aus, dass die Talsperre gut gefüllt sein müsste. Und sie war es auch. Das Wasser floss nicht nur durch die Turbinen, sondern auch in beträchtlicher Menge über die Talsperrenkrone. Zu unserer Überraschung war davon zwar nicht viel im Fluss, aber für eine Befahrung war es uns genug. So beschlossen wir, am nächsten Tag auf der Auma zu paddeln.

Wir planten, unterhalb der Talsperre einzusetzen. Aber dahin gab es keine Straße, nur einen ziemlich holprigen Feldweg und den benutzten wir mit unseren Trabis.

Staudammüberlauf an der Aumatalsperre

Der nächste Tag kam und mit ihm eine besondere Überraschung. Über die Talsperrenkrone floss kein Wasser mehr. Es konnte doch nicht sein, dass das ganze überflüssige Wasser vom Stausee, schon abgelaufen war. Unmöglich! Aber es war so.

Ein Bauer, am Ufer mit der Heuernte beschäftigt, gab uns eine Erklärung, die zumindest in mir Mordgedanken auslöste. Er erklärte, dass am Vortag das Wasseramt die Talsperre geöffnet und das Wasser abgelassen hatte, um den Druck von der Staumauer zu nehmen. Wem ich nun am liebsten den Hals umgedreht hätte, lässt sich ja denken.

So standen wir nun am Ufer der Auma und beratschlagten, was wir veranstalten sollten. Der Wasserstand sah wirklich beängstigend niedrig aus. Aber er schien noch ausreichend, um an den Steinen vorbei zu kommen. Wir wollten auch nicht länger diskutieren sondern es einfach wagen. Denn je länger wir noch quatschen würden, umso niedriger würde der Wasserstand werden.

Also los, einsteigen und ablegen. Wir holperten ein paar Stufen runter und kamen anfangs gut voran. Anfangs, das heißt so ungefähr zweihundert Meter, dann verlief sich das Restwasser in mehreren Nebenarmen durch den Wald. Wir saßen fest und mussten aussteigen. Wir hofften, die Nebenarme würden schon zusammenfließen und dann könnten wir wieder einsteigen.

So treidelten wir die Boote durch das Rinnsal und treidelten und treidelten… Aber es kam kein Wasser mehr. Stattdessen wurden es immer mehr Nebenarme mit inzwischen so niedrigem Pegelstand, dass die Boote auch ohne unser Insassengewicht auf dem Grund aufsetzten.

Nach ungefähr fünfhundert Metern beschlossen wir, dem Jammer ein Ende zu bereiten und die „Fahrt" abzubrechen. Wasserwandern hatten wir uns wirklich anders vorgestellt.

Ich dachte an eine bestimmte Dame vom Wasseramt. Wenn sie jetzt hier aufgetaucht wäre, hätte sie mit Sicherheit keine Freunde und nur wenig Freude gehabt.

Wir schleppten die Boote zurück zu den Autos am Feldweg und fuhren vorsichtig und bedächtig zur Hauptstraße zurück. Der Weg war schlimm, voller Löcher und Steine. Das hatten wir nun für fünfhundert Meter paddeln auf uns genommen. Dann tat es plötzlich einen gewaltigen Schlag. Zwar fuhr das Auto noch, aber mit einer Lautstärke, die jeden Fuchs und Hasen, wahrscheinlich auch Reh und Hirsch, zur Flucht aus dem Wald getrieben hätte.

Der Auspuff war abgerissen und jetzt nicht mehr mit dem Motor verbunden. Er lag hinter dem Auto. Toll! Und das alles nur wegen der blöden Tante vom Wasseramt. Wenn sie gerade jetzt hier aufgetaucht wäre, hätte sie keine Freunde…

Erst ist Wasser im Bach...

... dann nicht mehr

Nun mit dem Auspuff im Gepäck fuhren wir lärmend weiter durch den Wald und auf die Hauptstraße. Das war ein wahrhaft fulminantes Geknatter und natürlich auch ein fürchterlicher Gestank. Die Abgase zogen in den Innenraum des Autos. Wir konnten kaum noch atmen. Eigentlich hätten wir daran ja gewöhnt sein müssen, denn in Berlin stank es immer so, sobald man eine Hauptverkehrsstrasse mit viel Trabiverkehr betrat.

In einer Werkstatt in Weida fand sich dann ein dienstbarer Geist, der den Auspuff wieder anschweißte. Aus Mitleid, wie er uns versicherte. Natürlich nicht nur, denn bezahlen mussten wir trotzdem. Aber unsere Geschichte hatte wohl sein Herz geöffnet, oder er hatte die Dame vom Wasseramt auch schon einmal kennen gelernt.

Ich wünschte mir, sie würde direkt neben der Auma leben und eines Tages bricht die Staumauer und das ganze Wasser fließt direkt in ihr Wohnzimmer…

Wachtmeister Weber
Darß 1983

Jeder kennt den Film von dem Mann bei dem sich der Tagesablauf immer wieder wiederholt und der jeden Tag die gleichen Leute trifft ohne sich an den Vortag erinnern zu können („Und immer grüßt das Murmeltier"). Wenn man aber jeden Tag den gleichen Mann trifft und man sich auch immer wieder an ihn erinnert, dann ist das eine andere Geschichte. Eine solche will ich erzählen.

Irgendwann naht der Urlaub. Hat man ein neues, ein halbes Jahr altes, Familienmitglied namens Hannes dabei, dann muss man geschickt den Urlaubsort auswählen. Und soll auch das Faltboot genutzt werden, muss man noch geschickter zu Werke gehen. Und so führte unsere Reise an die Ostsee auf die Halbinsel Darß. Wir mieteten über eine private Beziehung in Dändorf einen Bungalow, der sich später als umgebauter Schweinestall entpuppte.

Der Trabi wurde mit allen Dingen, die für einen Ostseeurlaub notwendig sind, gepackt, inklusive Kinderwagen im Kofferraum. Wir schnallten das zusammengefaltete Boot auf das Autodach und so beladen fuhren wir los. In Dändorf angekommen, suchten wir unser Quartier – und fanden es nicht. Wir zuckelten also mehrmals durch den Ort, von Ost nach West und wieder zurück von West nach Ost und hatten ihn damit auch schon komplett erkundet.

Das hätten wir lieber nicht machen sollen.

Als wir endlich vor unserem „Schweinestall" hielten, wurden wir bereits erwartet. Nicht von unseren Vermietern, sondern von einem beleibten Volkspolizisten. Er stellte sich als Wachtmeister Weber vor und fragte, wo es denn hin gehen sollte. Wir antworteten, dass es nirgends hingehen soll, denn wir wären ja am Ziel. Damit hatten wir es uns wohl bei ihm schon verscherzt. Wachtmeister Weber machte ein grimmiges Gesicht, deutete auf das Faltboot auf dem Dach und fragte erneut, wo es denn hingehen sollte.

Diesmal bekam er eine Antwort, die ihn aber auch nicht richtig befriedigte. „Wir wollen mal hier hin und mal dort hin." Wachtmeister

Weber wurde grimmig. Schließlich erklärte er, er werde uns im Auge behalten bei unseren Aktivitäten. Wir würden wohl wissen, dass es verboten sei, auf der Ostsee zu paddeln. Nach dem ich ihn fragte, ob er wohl dächte, wir würden über die Ostsee abhauen und dabei auch noch einen Kinderwagen hinter uns her ziehen, trollte er sich wortlos von dannen. Nicht für lange, wie sich bald herausstellen sollte.

Wir bezogen unser Quartier, sattelten den Kinderwagen und machten einen Spaziergang durch den Ort, um ein paar Lebensmittel einzukaufen. Offensichtlich hatte es sich schon herumgesprochen, dass wir mit einem Faltboot aufgetaucht waren. Wachtmeister Weber hatte wohl schon seine zivilen Hilfssheriffs beauftragt, uns zu beobachten. Jedenfalls fragte uns der Mann im Lebensmittelkonsum, wohin wir denn paddeln wollten und warnte uns auch gleich, es gäbe immer viel Wind auf den Boddengewässern. Erstaunlich, wie hilfsbereit die Leute werden, wenn sie einen Auftrag haben.

Am nächsten Tag fuhren wir mit Auto und Boot an das Boddenufer, um eine erste kleine Ausfahrt zu wagen. Wir luden die Säcke mit den Einzelteilen ab und begannen den üblichen Zusammenbau. Da schallte auch schon ein klares "Guten Tag" über den Platz. Wachtmeister Weber, wie immer adrett in seiner gut gefüllten Uniform gekleidet, wollte es nun genau wissen. Wir sollten ihm auf der Stelle erklären, wohin wir zu paddeln gedächten. Die Antwort war natürlich die gleiche wie am Vortag, mal hier hin und mal dort hin. Wir hatten noch keinen Plan, wollten den Bodden mal ein bisschen erkunden. Wir konnten doch sowieso mit dem Kleinkind nichts Großes unternehmen. Wieder gefiel das dem Herrn Wachtmeister Weber überhaupt nicht.

Nach erneuter Warnung, nicht die offene See anzusteuern, waren wir ihn für heute los. So dachten wir. Als wir eine Stunde später wieder anlegten, wurden wir schon erwartet. Unser Wachtmeister wollte wissen, wie es auf dem Bodden so gewesen ist. Langsam begann er, ein fester Bestandteil unseres Urlaubs zu werden. Ich überlegte schon, Wachtmeister Weber ehrenhalber in unsere Familie aufzunehmen. Er meinte, er würde uns im Auge behalten. Das wussten wir ja bereits und uns war auch klar, dass er nicht nur seine Augen damit meinte.

Noch klarer wurde uns, was wir mit unserem Faltboot auf dem Autodach für einen Apparat in Bewegung gesetzt hatten. Und es sollte noch viel besser kommen.

An einem schönen sonnigen Tag luden wir das aufgebaute, also nicht gefaltete, Boot auf unser Autodach und wollten zum Fluss Barthe fahren, der auch dem Bodden seinen Namen gab.

Darauf schien unser Wachtmeister bloß gewartet zu haben. Zack, stand er wieder da und wollte wissen, wo es hingehen sollte. Wir erläuterten unseren Plan, auf der Barthe von Löbnitz aus in Richtung Bodden zu fahren. Und wenn es das Wetter zuließ, würden wir auch noch über den Booden bis nach Zingst übersetzen.

Was wollte Wachtmeister Weber machen? Er hätte wohl am liebsten das Boot beschlagnahmt und uns in Arrest gesteckt. Aber es war nicht verboten, über den Barther Bodden bis nach Zingst zu paddeln.

Ja, er würde uns also im Auge behalten. Er wollte nur noch wissen, wann wir wieder zurück sein würden. Ich erklärte ihm, dass eine solche Voraussage nicht zu treffen sei, denn das wäre abhängig vom Wetter, von der Strömung und vor allen Dingen vom Wind. Und da Kanuten immer Gegenwind hätten, ist mit einer Rückkunft nicht vor Abend zu rechnen.

Für den Leser, der sich jetzt beginnt Sorgen zu machen, eine wichtige Information. Wir hatten den Kinderwagen nebst Passagier nicht mit verladen. Meine Schwiegermutter war zu Besuch und kümmerte sich um den Kleinen.

Also nun los, wir fuhren nach Löbnitz an der Barthe und ließen unser Boot, nun als Dreier, denn Sohn Tilo war mit an Bord, zu Wasser. Auf dem Fluss war die Sache noch gemütlich. Aber wie nicht anders zu erwarten war, bließ uns der Wind bei der Einfahrt auf den Barther Bodden heftig ins Gesicht. Ohne paddeln wären wir rückwärts getrieben. Also stand uns Schwerstarbeit bis nach Zingst bevor.

Aber nicht nur uns. Denn Wachtmeister Weber hatte inzwischen offensichtlich die Marine der Volksarmee, die Wasserschutzpolizei und wahrscheinlich auch die Kampftaucher informiert, dass wir auf dem Bodden unterwegs waren.

Mehrmals kreuzte ein Polizeiboot unseren Weg. Die Jungs in den blauen Uniformen beobachteten uns mit ihren Ferngläsern und funkten wahrscheinlich etwas über unseren Kampf mit dem Gegenwind an Land

Irgendwie kam dieses Zingst nicht näher. Schwiegermutter, die unser Auto in Löbnitz übernommen hatte, sollte uns dort am Hafen wieder einsammeln. Beim näher kommen sahen wir sie auch in unserem Trabi vorbei fahren, aber sie uns offensichtlich nicht. So trollte sie sich wieder.

Irgendwann waren wir in Zingst. Wer war nicht da? Logischerweise die Schwiegermutter, der die Warterei offensichtlich zu langweilig gewesen war.

Einfahrt auf den Bodden

Wasser, so weit das Auge reicht

Dafür lagen schon andere in Lauerstellung. Die von Wachtmeister Weber organisierte Beobachtungscrew im blauen Wartburg wartete bereits an der Anlegestelle. Ich hatte die Idee, sie zu fragen, ob sie uns nicht zurückbringen könnten. Die Adresse hätte ich denen gar nicht sagen müssen, die wussten sie ja sowieso. Als ich auf den blauen Wartburg zuging, starteten sie den Motor und flüchteten vor der sich nahenden peinlichen Situation.

Ankunft in Zingst

Also mussten wir uns in Geduld üben, bis die Schwiegermutter wieder auftauchen würde.

Die kam dann auch irgendwann und wir fuhren zurück zum Bungalow Schweinestall. Dort wurden wir schon erwartet, von, na klar, Wachtmeister Weber.

Der war diesmal nicht allein, sondern in Begleitung der zwei Herren aus dem blauen Wartburg. Wir mussten unsere Ausweise zeigen und bekamen eine Verwarnung, nicht auf die offene See zu paddeln und so weiter und so weiter. Wachtmeister Weber würde uns schon im Auge behalten.

So langsam hatten wir keine Lust mehr auf Wachtmeister Weber. So langsam ging er uns auf die Nerven. So langsam beschloss ich, die Ehrenmitgliedschaft in unserer Familie wieder rückgängig zu machen. Aber es war ja noch lange nicht Schluss, wir hatten ja noch zwei Wochen Urlaub vor uns.

Unser Boot lag am Boddenufer vor Anker unter Bewachung vom Wachtmeister, konnte also nicht geklaut werden. Eine Woche später wollte ich mit Sohn Tilo auf dem Körkwitzer Bach von Hirschburg aus bis zu unserer Boddenstelle zurück fahren. Dazu musste ich das Boot auf das Autodach aufladen.

Als ich am Bodden ankam, fand ich das Boot mit einer großen Kette und einem Vorhängeschloss an eine Bank angebunden. Da das nicht unser Werk war, hatten wir auch keinen Schlüssel.

Boot an Bank gefesselt

Aber Wachtmeister Weber. Er kam des Weges geschritten, zeigte stolz auf sein Schlüsselbund und gab eine Erklärung ab, die selbst uns noch überraschte. Und das will in Bezug auf Wachtmeister Weber schon etwas heißen.

Er sagte, das Abschließen unseres Bootes sei eine reine Sicherheitsmassnahme, damit kein anderer unser Boot benutzen und sich vielleicht nächtens über die Ostsee davonmachen könne. Sonst würden wir ja in ein schlechtes Licht geraten und vielleicht der Beihilfe zur Flucht verdächtigt werden. Wir waren sprachlos. So einen Quatsch hatten wir noch nie gehört. Er ließ uns aufladen und meinte, wer hätte es gedacht, er werde uns im Auge behalten.

Wir fuhren dann auf dem Körkwitzer Bach und dem Saaler Bodden – wieder bei Gegenwind – bis zu unserer Anlegestelle nach Dändorf.

Und, man wird es kaum glauben, Wachtmeister Weber erwartete uns schon, um das Boot wieder an die Kette zu legen. Er musste uns die ganze Zeit mit einem Fernglas beobachtet haben, denn wir fuhren nah am Schilfgürtel, um weniger Wind abzubekommen und waren so vom Ufer aus kaum zu sehen.

Ich hatte die Schnauze voll. Er brauchte das Boot nicht mehr anzuschließen. Ich faltete es zusammen und brachte es in unser Quartier. Eine Woche später fuhren wir ja sowieso zurück. Komischerweise war Wachtmeister Weber zum Abschied nicht erschienen, da fehlte er uns dann doch.

Ich denke, dass in der Überwachungszentrale der Stasi auf dem Darß an diesem Tage mehrere Steine von den Herzen der Verantwortlichen gefallen sind. Endlich waren wir wieder weg. Aber vielleicht haben die ja auch kein schlagendes Herz in der Brust, sondern einen Stein. Und wenn der gefallen ist, dann sind sie alle auf der Stelle tot umgefallen. Eine schöne Vorstellung…

Die blöde Kuh von Stadtlengsfeld
Felda 1983

Die Menschheit hat zur Veranschaulichung des Lebens allerhand Vergleiche zur Tierwelt gefunden. Die können positiv oder negativ besetzt sein.

Positiv sind zum Beispiel der schlaue Fuchs, der weise Uhu oder der flinke Hase. Und wen oder was der Begriff „rattenscharf" beschreibt, soll hier nicht erörtert werden. Auch wenn man einen Menschen als Hund bezeichnet, können positive Eigenschaften damit verbunden sein, wie uns Kommissar Rex und die kluge Lassie beweisen.

Ein scharfer Hund hingegen wird nur mit gutem Willen als angenehm empfunden. Weitaus mehr Tiervergleiche sind dagegen äußerst negativ behaftet, wobei der Ochse und das Kamel noch harmlos sind. Die alte Sau, die dumme Gans oder gar die olle Ziege lösen dagegen ebenso wie die falsche Schlange nicht unbedingt große Freude bei den so titulierten aus. Ganz schlimm aber wird es bei der blöden Kuh.

Um eine solche dreht es sich bei der nun folgenden Geschichte.

Ein Kajakfahrer ist, wenn ihn der Kajak-Virus gepackt hat, nicht mehr in der Lage, einen Ausflug oder eine Reise ohne das Boot auf dem Autodach zu unternehmen. Es könnte ja sein, er kommt an einem Fluss vorbei, den er unbedingt befahren muss, weil da gerade sehr viel Wasser drin ist. Oder er sieht einen Bach, von dem er meint, dort sei noch niemals zuvor jemand gepaddelt.

So erging es uns im Herbst 1983 bei einem Besuch von Freunden in der Rhön. Wir wussten ja, dass es dort das Flüsschen Felda gibt, einen linken Nebenfluss der Werra. Wie immer fanden wir keine Literatur oder Flussführer zu diesem Bach. Und im ostdeutschen Kanusportmagazin hatten wir über die Felda noch nicht viel gelesen. Es gab nur einen Hinweis auf eine kurze Befahrung des Unterlaufes, wir wollten aber den Oberlauf erkunden. So konnten wir annehmen, die Ersten zu sein. Zumindest wollten wir das.

Normalerweise beginnt im Gebirge die Saison für die Bach- und Fluss-
fahrer erst richtig im Herbst. Doch in diesem Jahr schien nicht viel los zu
sein mit der Saison. Überall machte sich der trockene Sommer bemerkbar.
So schickten wir manch sehnsuchtsvollen Blick in den Himmel und
wünschten uns Regen. Aber der kam nicht. Ein Bittgesuch an Petrus wurde auch nicht erhört. Schon auf der Fahrt in die Rhön mussten wir feststellen, dass alle Flüsse, an denen wir vorbei kamen, Niedrigwasser führten.

Immer noch auf ein Wunder hoffend, kamen wir bei unseren Freunden
an und sahen vor lauter Steinen das Wasser in der Felda nicht. Wir waren
erschrocken über das kleine Bächlein, das wir doch früher schon als
rauschenden Gebirgsbach erlebt hatten. Glücklicherweise klärten uns die
Einheimischen auf, dass das Wasser zu dieser Zeit durch einen langen
Mühlgraben floss und unterhalb wieder das Flussbett füllte.

Start auf der Felda

Nach langen Überlegungen starteten wir doch, was nicht einfach war.
Die Ufer waren total zugewachsen. Und gleich zu Beginn in die Brennnesseln fallen, das wollte keiner.

So setzten wir uns oben auf der Bö-schung schon in die Kajaks und rutschten dann im Boot sitzend herunter direkt in den Fluss hinein. Das soll ein erfahrener Kanute aus Natur-schutzgründen nicht machen, aber wir hatten keine andere Wahl, ins Was-ser zu kommen.

Das ganze Unterfangen war äußerst wagemutig. Bei diesem Wasser-stand saßen wir mehr auf dem Grund fest, als das wir paddelten. Doch wir vertrauten unseren Booten, die wir extra mit einer dicken Schicht Glasmatte und Epoxydharz am Boden verstärkt hatten.

Und vorerst stimmten uns das schöne Wetter und eine für diesen Wasserstand schnelle Strömung optimistisch. Mehrere zum Teil fahrbare Wehre und umgestürzte Bäume machten uns mächtig zu schaffen. So gab meine Frau irgendwann in Weilar entkräftet auf und ließ mich allein weiter ziehen.

Wehrbefahrung auf der Felda

Dann kam das erste Wehr von Stadtlengsfeld. Gut einen und einen halben Meter hoch, aber zu bewältigen. Nur hatte ein offensichtlich nicht Kajak fahrender Bauer einen tückischen Elektrozaun quer über den Fluss gespannt, der offensichtlich verhindern sollte, dass die Kühe davon schwammen.

Was sollte ich tun? Ein Umtragen war bei dem zugewachsenen Ufer nur schwer möglich. Unschlüssig, wie ich diese Situation meistern sollte,

145

entwarf ich folgenden Plan: Ich wollte das Wehr runter fahren und dabei gleichzeitig mit dem Paddel den Elektrozaun anheben, so dass ich glatt drunter durchrutschen konnte.

Soweit, so geplant. Und nun zur Ausführung.

Ich konzentrierte mich auf die Abfahrt und hielt das Paddel wie die Ritter einen Speer bei ihren Kämpfen auf dem Pferd weit ausgestreckt nach vorn. Und dann ging es runter. Nur etwas schneller, als ich dachte. So verfehlte ich den Elektrozaun knapp. Oder vielleicht erwischte ich ihn auch ein bisschen. Jedenfalls war ich fast durch, als er mir mit lautem Klatschen ins Genick schlug. Das wäre nicht weiter schlimm gewesen, aber er war zu allem Pech auch noch geladen und versetzte mir einen gewaltigen Stromschlag, so dass ich mir kurzzeitig selbst wie eine Kuh vorkam.

Leicht geschockt begann ich wieder zu paddeln, kam aber nicht sehr weit. Da standen sie, die Gründe für den Elektrozaunes. Nein, nicht die Bauern, sondern die Kühe, direkt im Bach und ihren Durst stillend. Ich paddelte heftig rückwärts, um nicht direkt in die Kuhherde zu fahren. Weit zurück konnte ich aber nicht, da lauerte ja der Elektrozaun. Und voraus schauten mich die Rindviecher überrascht an. Einige trotteten langsam zur Seit ans Ufer hin, der Rest der Herde folgte ihnen. Bis auf eine Kuh, die blieb mitten im Bach stehen und rührte sich nicht. Das war sie nun, die blöde Kuh von Stadtlengsfeld.

Ich versuchte es mit einem lauten Muh, Muh. Die Kuh antwortet ebenfalls mit einem Muh, aber rührte sich nicht. Wahrscheinlich war mein Muh zu freundlich. Also versuchte ich es mit einer Fremdsprache. Laut Wau Wau rufend, trieb ich wieder in Richtung blöde Kuh. Offensichtlich kannte die Kuh die Fremdsprache nicht, denn sie rührte sich keinen Meter von der Stelle. Ich paddelte rückwärts und gewann wieder etwas Abstand. Nicht zu viel, denn hinter mir lauerte ja der Elektrozaun!

Was sollte ich bloß tun? Ich schrie die Kuh an, ich redete beschwörend auf sie ein, aber sie rührte sich nicht. Gott sei Dank saß ich nicht in einem roten, sondern einem blauen Boot. Hatte man doch so allerhand gehört von roten Tüchern und davon, wie Tiere dieser Gattung darauf reagieren konnten. Diese hier stand jedoch noch immer unbeeindruckt vor mir im Fluss. Blöde Kuh!

Letzte Rettung sollte meine Marschverpflegung sein. Ich hatte ein paar belegte Brote an Bord. Die mussten nun dran glauben. Ich holte sie aus meinem Beutel und warf sie in Reichweite der Kuh ans Ufer, in der Hoffnung, das wird ihr Appetit machen und sie zum Gehen veranlassen. Doch auch diesen Gefallen tat mir die blöde Kuh nicht. Ehe das lahme Tier es geschafft hatte, den Kopf in Richtung der belegten Brote zu drehen, war ein anderes Vieh am Ufer schneller und hatte die Mahlzeit schon verspeist. So, nun hatte ich nichts mehr zu essen und die blöde Kuh rührte sich immer noch nicht von der Stelle.

Ich rief nach einem Bauern oder anderen Menschen an Land. Aber am Wochenende wurden die Kühe wohl sich selbst überlassen. Kein Bauer und kein Mensch ließ sich blicken. Und ich als Mensch hatte keine Lust, das Wochenende mit Kühen zu verbringen.

Ich traf eine Entscheidung. Langsam ließ ich mich an die Kuh ran treiben. Ich war noch ungefähr zwei Meter von ihr entfernt, da drehte sie ihren Kopf in meine Richtung und sah mich mit ihren großen blöden Augen an. Es war wie im Film „Zwölf Uhr Mittags".

Nun kam es drauf an. Ich hielt mein Paddel wie eine Waffe, bereit zuzuschlagen, falls die Kuh sich überlegen sollte, auf mein Boot, also auf mich, loszugehen. Noch ein Meter Abstand. Die Kuh scharrte im Wasser auf dem Grund herum. Ich fasste mein Paddel fester. Wir waren fast auf Augenhöhe.

Und da geschah es. Die Kuh trat zur Seite und ließ mich passieren. Ich war durch. Nass, nicht vom Wasser, sondern vom Schwitzen. Aber noch war die Sache nicht beendet. Ich hatte ja noch einen zweiten Elektrozaun im Unterwasser zu überwinden. Diesmal klappte meine Taktik. Mit dem Paddel hielt ich ihn hoch, rutschte durch und war in Freiheit.

Irgendwann, so drei Kilometer vor der Mündung in die Werra in Dietlas in der Rhön, beendete ich die Fahrt mit zwei Erkenntnissen. Zum Ersten lassen sich Kühe mit Zureden, Muh und Wau nicht vertreiben. Zum Zweiten muss man warten können, denn die meisten Probleme lösen sich von selbst. Zwei Stunden später nämlich war der Wasserstand um fünfzehn Zentimeter gestiegen. Wo die Fluten her kamen werden wohl nicht einmal die Kühe gewusst haben. Und wenn die Felda dereinst mal Hochwasser führen sollte, bin ich wieder da und dann Gnade Euch Gott, ihr blöden Kühe. Denn eines ist klar – die Rhön ist schön….

Der Schnee von gestern
Flöha 1984

Es gibt magische Worte, die für unterschiedliche Gruppen von Mitmenschen ganz unterschiedliche Bedeutung haben. Bei dem Wort *Schnee* zum Beispiel bekommen Menschen ein unwiderstehliches Zucken in den Gelenken, die sich dem Wintersport verschrieben haben. Und wenn dann noch der Ausruf „Schnee und Rodel gut" durch die kalten Lüfte hallt, rennen sie in den Keller und holen ihr Wintersportgerät aus dem Selben. Autokolonnen machen sich auf in bergige Gegenden und Menschenhorden bevölkern die Skigebiete, trinken Glühwein und Jagertee und geben beim Apré-Ski unheimlich viel, oft sogar alles, Geld aus.

Der Kajakfahrer dagegen bleibt beim Wort Schnee die Ruhe selbst. Er geht zwar auch in den Keller, aber nur, um Boote oder Zubehör zu reparieren. Ansonsten sitzt er in der warmen Stube, schaut sich Fotos der vergangenen Kajak-Saison an und spart sein Geld. Und von einem Kajakfahrer, der mit seinem Sportgerät eine Bob- oder Rodelbahn heruntergerauscht wäre, hat man, jedenfalls bisher, auch noch nichts gehört.

Ganz anders sieht es dagegen mit dem Wort *Schneeschmelze* aus. Die Wintersportler beginnen lange Gesichter zu machen. Sie packen ihre Geräte zusammen und verstauen sie im Keller. Dann schauen sie erst ins leere Portemonnaie und anschließend die Fotos der vergangenen Ski-Saion an. Der Kajakfahrer dagegen bekommt ein unwiderstehliches Zucken in den Gelenken. Und wenn dann noch der Ausruf „Wasser im Bach" durch die wärmeren Lüfte halt, rennt er in den Keller und holt seine Ausrüstung aus dem Selben. Autos mit Booten auf dem Dach machen sich auf in bergige Gegenden und bunte Truppen bevölkern die Ufer so mancher Gewässer und dann auch diese selbst.

Das Wort Schneeschmelze hatte Mitte März 1984 auch uns erreicht und elektrisiert. Wir starteten ins Erzgebirge, das zu erwartende Wasser für die Befahrung einiger Flüsse und Bäche zu nutzen. In Ansprung hatten wir mehrere Bungalows als Standquartier für eine Woche Wildwasserfahren gebucht hatten.

Die Dame am Telefon der Bungalowvermietung war in der Woche vorher sehr auskunftsfreudig gewesen.

Auf die Frage, ob man denn dort Kajak fahren könnte, antwortete sie: „Na klar, machen doch viele."

Sie hatte uns nur vergessen zu sagen, dass der Fluss mit Namen Schwarze Pockau in der Nähe ihrer Bungalows noch total zugefroren war. So kommen, wenn eine Frage nicht konkret gestellt wird und die Antwortende nicht ordentlich nachfragt, die herrlichsten Missverständnisse zusammen. Natürlich kann man hier Kajak fahren, machen auch viele. Nur nicht jetzt.

Das sollte also die Schneeschmelze sein. Keine Chance, die Kajaks überhaupt abzuladen. Nur Wandern am Ufer der Schwarzen Pockau war möglich, was aber nicht der Sinn und Zweck einer Wildwassertour ist.

Wir mussten also zum Plan B übergehen und uns die Flöha etwas näher ansehen.

Gut, der Fluss war da, war auch nicht zugefroren, aber viel Wasser war nicht drin. Denn die Flöhe wird zum großen Teil mir dem ablaufenden Schmelzwasser über die nun zugefrorene Schwarze Pockau gefüllt. Aber sie schien uns befahrbar. Die Flottille wurde in Pockau zu Wasser gelassen und ab ging die Post.

Befahrbares Wehr auf der Flöha

150

Viele befahrbare Wehre brachten Würze in die Fahrt, der Eisrand, die schneebedeckten Hänge und das schöne Sonnenwetter trugen zur Erhöhung unseres Stimmungsbarometers bei. Bis Floßmühle!

Da war der Fluss weg. Alles Wasser floss in einen versperrten Mühlgraben. Unterhalb eines Wehres war das Flussbett trocken und so weit wir sehen konnten, also gefühlt bis zum Horizont, kam auch kein Wasser mehr zurück. Ein Studium der spärlichen Karten half ebenfalls nicht weiter, da die Industriebetriebe, die offensichtlich mit dem Flöhawasser arbeiteten, nicht verzeichnet waren. Wie immer war alles in der DDR streng geheim.

Und was da in dem Werk produziert wurde, war wahrscheinlich auch unglaublich wichtig. Später lasen wir am Werkstor, dass wir es mit einer Farbenfabrik zu tun hatten. Dort wurde sicher das berühmte DDR-Grau produziert, mit dem das ganze Land angestrichen war.

Was sollten wir tun? Erste Möglichkeit: Abbruch der Tour. Keiner war davon begeistert. Zweite Möglichkeit: Zwei Mann trampen auf der Straße zurück nach Pockau und kommen mit den Autos wieder her, um dann die lange steinige wasserlose Strecke zu überbrücken. Das war schon besser. Aber immer wenn gar nichts mehr geht, kommt die Rettung, zwar nicht von oben, aber des Weges. In diesem Fall ein LKW, ein Mehlauto. Der Fahrer sah uns etwas ratlos am Ufer stehen und hielt an. Er erklärte uns, dass der Mühlgraben bis zur Fabrik ungefähr drei Kilometer lang war und erst dann wieder das Wasser zurück in den Fluss bringt.

Aber da er sowieso gerade abgeladen hatte, also leer fuhr und kein Termin ihn drängte, könnte er uns ja mitnehmen bis dorthin. Gesagt, getan. Ruckzuck hatten wir die Boote auf die Ladefläche seines LKW geschoben, sprangen selbst noch hinterher und nach drei Kilometern waren wir wieder am Wasser. Die Boote und auch wir selbst waren dabei vom Mehl auf der Ladefläche gut eingestaubt. Aber das war es uns Wert, die Boote nicht schleppen zu müssen. Wir grüßten noch den LKW-Fahrer vom Boot aus, er ließ es sich nicht nehmen unserer Abfahrt beizuwohnen, und ab ging wieder die Post.

Viele befahrbare Wehre brachten Würze in die Fahrt, der Eisrand, die schneebedeckten Hänge und das schöne Sonnenwetter trugen zur Erhöhung unseres Stimmungsbarometers bei. Bis Borstendorf!

Eine Papierfabrik stand sozusagen im Wege. Da auch diese sehr viel Wasser brauchte, wurde der Fluss über vier große unbefahrbare Fallwehre ins Werk umgeleitet.

Wir legten oberhalb des ersten Wehre an und standen ratlos mitten auf dem Betriebsgelände der Papierfabrik.

Glücklicherweise war sie offensichtlich nicht als geheim eingestuft, denn wir wurden nicht sofort des Feldes, bzw. des Betriebsgeländes, verwiesen.

Wieder wurde beratschlagt, was man tun könnte. Mutig geworden aus der Erfahrung mit dem Mehlauto kamen Gedanken an Aufhören oder an Auto besorgen gar nicht erst auf. Es musste auch anders gehen. Inzwischen hatten sich allerhand Arbeiter der Papierfabrik eingefunden, die so etwas wohl auch noch nicht erlebt hatten. Sieben behelmte Verrückte mit bunten Booten standen auf ihrem Territorium.

Ameisen in der Papierfabrik

Nach einigem hin und her wurden zwei Elektrokarren, auch Ameise genannt, herangeholt. Wir luden die Boote auf und kletterten obendrauf. So zuckelte die Fuhre dann durch das riesige Werksgelände. Überall hörten die Beschäftigten auf, zu arbeiten.

Sie kamen nach draußen oder standen an den Fenstern, um uns zu bestaunen.

152

Natürlich sparten sie auch nicht mit Bemerkungen, wie:

„So sehen Motorboote aus"
„Ihr hättet ja wenigstens ein paar Bierchen mitbringen können".

Offensichtlich freuten sich alle über die Abwechselung in ihrer tristen Alltagsarbeit. Wir kamen uns vor wie beim Pferdewechsel der Postkutschen. Erst ein Mehlauto, nun die Ameisen, dann wieder wir mit eigener Kraft.

Nach einem Kilometer Ameise waren die gefährlichen Fallwehre umfahren. Wir plauderten noch ein wenig mit den Arbeitern, die irgendwoher dann selbst noch einen Kasten Bier besorgt hatten und saßen bald wieder im Boot und auf dem Wasser.

Viele befahrbare Wehre brachten Würze in die Fahrt, der Eisrand, die schneebedeckten Hänge und das schöne Sonnenwetter trug zur Erhöhung unseres Stimmungsbarometers bei. Bis Schellenberg!

Wer nun denkt, dass es jetzt so weiter ging, der irrt. In Schellenberg nach zwanzig Kilometern war Schluss mit unserer so herrlichen und vor allen Dingen abwechslungsreichen Tour auf der Flöha. Im Sonnenuntergang feierten wir noch Olafs Geburtstag und freuten uns immer wieder über unser Glück mit unseren unkonventionellen Transportmitteln. Hoffentlich wird es uns auch in Zukunft treu bleiben…

Dreckig gewaschen!
Freiberger Mulde 1984

Jeder weiß: Wasser ist zum Waschen da. Und Sinn und Zweck des Waschens soll es sein, verschmutzte Körper oder Bekleidung zu säubern. Dass es auch anders geht, und zwar genau gegenteilig, erlebten wir auf der Freiberger Mulde.

Doch dazu später mehr.

Wir waren mit Freunden aus Dresden unterwegs im Erzgebirge auf der Suche nach Flüssen mit Wasser. Die Dresdner behaupteten, alles ganz genau zu wissen. Sie gingen jede Wette ein, dass im Fluss Bobritzsch genügend Flüssigkeit sei, um eine hübsche Befahrung wagen zu können. Und sie begründeten dies mit einer hochwissenschaftlichen Betrachtungsweise.

An Hand von Sonnenstand, Uhrzeit, Wind und Schneeschmelze sowie dem Studium einschlägiger Wander- und Bergsteigerkarten konnte es nur die Bobritzsch sein. Wir lachten und vermuteten, dass auch die Schrägstellung der Saturnringe und die damit verbundene Rückstrahlung der Sonnenwinde nach einer überdimensionierten Protuberanz im vierten Quadranten der Sonne, verbunden mit der Weiterleitung der Winde durch den Flügelschlag der Pinguine am Südpol, zur entsprechenden Schneeschmelze geführt haben musste. Und das Magnetfeld nicht zu vergessen.

Unsere Häme verging uns schnell, als wir in Falkenberg das Ufer der Bobritzsch sahen. Tolles Strömung, toller Fluss – ein erstklassiges Wildwasser in erstklassiger Landschaft. Wir sausten die Bobritzsch hinab, konnten alle Wehre befahren, mussten eine Baumsperre umtragen und erreichten nach zwanzig Kilometern die Mündung in die Freiberger Mulde bei Biebersheim.

So kurz kann die Beschreibung einer Flussfahrt sein, wenn nichts passiert, außer locker Wildwasser fahren.

Jedoch war da noch die Freiberger Mulde, die auch einen guten Wasserstand hatte, und so war klar, morgen ist sie fällig.

Wir starteten in Nassau. Die Gegend war noch leicht verschneit, dafür das Wetter bestens. Aber wo war das Wasser? Gestern in Biebersheim ging die Post nur so ab. Doch hier oben in Nassau war es wirklich wieder einmal an der Grenze der Befahrbarkeit. Wir unterhielten uns sehr streng mit den Dresdener Wasserpropheten, denn sie hatten heute auf ganzer Linie versagt. Wir vermuteten, dass diesmal die Sonnenprotuberanzen im zweiten Quadranten Schuld waren und somit nur den Eisbären am Nordpol das Fell wärmten. Aber wo wir nun schon mal da waren, wollten wir auch diesen Fluss für unser Fahrtenbuch abhaken.

Es war fürchterlich. Ein Hauen und Stechen über die Sandbänke, Untiefen, Felsen und Steine im Flussbett. Eine Fahrrinne war nicht oder kaum zu erkennen. Zwei der Dresdener stiegen alsbald wieder aus. Sie hatten wohl auch ein wenig Angst um ihre dünnen Slalomboote. Wir mit unseren glasfaserverstärkten „Schlachtschiffen" kämpften uns weiter durch, in der Hoffnung, dass es bald besser werden würde.

Doch nichts da, es wurde noch viel schlimmer. In Mulda hatten die Anwohner aus der Freiberger Mulde eine Müllmulde oder auch Müllmulda gemacht. Gezählt haben wir die Schrottteile im Fluss nicht, aber wir sahen Fahrräder, Motorräder, Benzinfässer, Badewannen und Waschbecken. Absichtlich sind die Worte im Plural geschrieben, denn es waren derer wirklich etliche. Vielleicht war es auch ein heimlicher Baumarkt. Insbesondere Benzinfässer waren reichlich im Flussbett verteilt. Höhepunkt war ganz „natürlich" ein kompletter LKW Motorblock mitten im Fluss. Automatisch ergab sich somit eine Slalomstrecke.

Und was die Wasserqualität anging, so war klar, oder besser gesagt gar nichts war klar, die wurde immer schlechter.

Wir waren kurz davor, aufzuhören. Nur die weit entfernten Autos und ein noch weiter entfernter Bahnhof, von dem wir nach Nassau zurückfahren wollten, ließen uns deprimiert weiter paddeln.

Wir waren froh, den ungastlichen Ort Mulda hinter uns gelassen zu haben. Und plötzlich wurde alles besser. Jetzt floss rechts die Gimmlitz in die Freiberger Mulde. Normalerweise ein kleiner Nebenfluss der Freiberger Mulde, führte er an diesem Tag deutlich mehr Wasser als die Mulde.

Und endlich hatten wir freie Fahrt.

Wehr hinter Mulda

Wer nun dachte, da kommt doch Erzgebirgswasser und das müsste glasklar und sauber sein, der war auf dem Erzgebirgischen Holzschnitzkunstweg. Das Gimmlitzwasser war ge-nauso dreckig wie das Muldewasser. Und es stank. Wonach, konnten wir nicht sagen, aber es war entsetzlich. Noch entsetzlicher war, dass auch wir diesen „Duft" bald am ganzen Körper hatten.

Wir sausten über das Wehr von Weigmannsdorf und mussten unterhalb sofort eine scharfe Kehre fahren, um nicht mit einem Felsen zu kollidieren. Das klappte bei allen ganz gut. Nur schwappte das Wasser kräftig über uns und das Boot, mit dem oben beschriebenen Ergebnis. Igittigitt!

Bei starker Strömung ging es nun auf den Höhepunkt des Tages zu, das Wehr in Berthelsdorf. Niemand von uns kannte es und wir waren gespannt, was auf uns zukam. Hans aus Dresden fuhr vor und wollte die Sache mal erkunden. Er tastete sich langsam an die Wehrkrone heran und war plötzlich weg. Offensichtlich runter gefahren, oder gefallen?

Wir wussten es nicht, hielten gehörigen Abstand und überlegten, was wir nun machen sollten. Aussteigen und umtragen? Olaf sagte, er fährt mal langsam vor, um zu sehen, was da los war.

Immerhin unser bester Mann, der würde schon wissen, was zu tun sei. Und ein unkalkulierbares Risiko würden weder Olaf noch wir eingehen. Langsam trieb Olaf auf die Kante zu, immer vorsichtig darauf bedacht, im Notfall mit kräftigen Rückwärtsschlägen die Gefahrenzone verlassen zu können.

Plötzlich tauchte Hans oberhalb des Wehres auf. Ihm war offensichtlich nichts passiert. Nun stand er auf der Wehrkrone und gab Anweisungen für die Abfahrt. Wir fragten, wie hoch das Wehr denn eigentlich sei. Hans antwortete mit großer Überzeugung: Alles kein Problem, nur knappe zwei Meter hoch. Aber wir müssten paddeln, was das Zeug hält, um mit möglichst großer Geschwindigkeit über die Wehrkrone zu donnern. Dafür würde er auch schöne Fotos von der Abfahrt machen.

Olaf startete als Erster. Er war aber zu nah am Wehr. Um Geschwindigkeit aufnehmen zu können, fuhr er also ein Stück zurück und keulte dann los. Voller Schub direkt auf die Kante zu, und weg war er. Das Unterwasser konnten wir nicht sehen. Und somit auch nicht Olaf.

Also nun ich. Mir war klar, mit langsam ran schleichen war hier nichts zu machen. Also haute ich rein und kam der Wehrkrone immer näher. Als ich noch ungefähr fünfzehn Meter entfernt war, konnte ich Olaf in Unterwasser winken sehen. Ich verstand seine Handbewegungen: paddeln, paddeln und nochmals paddeln.

Noch ungefähr fünf Meter. Die Strömung hatte mich gepackt. Es gab kein Zurück mehr, nur noch durch. Normalerweise heißt es ja, Augen zu und durch. Ich aber hatte die Augen offen und sah, was auf mich zukam. Unglaublich hoch, dieses Wehr. Und ein Rauschen wie beim größten Wasserfall. Musste ja auch so sein, denn es ging ungefähr zwanzig, dreißig Meter, hinab.

Und dann ging es auch schon los. Ich flog über die Wehrkrone. Wie in Zeitlupe senkte sich die Bootsspitze nach unten. Fast senkrecht sauste ich in das Unterwasser. Das komplette Boot inklusive Steuermann verschwand in den Fluten. Überall war nur noch schäumendes Wasser. Ich wusste nicht mehr, wo oben oder unten war. Ich packte mein Paddel fester und versuchte, irgendwie an die Oberfläche zu gelangen.

Aber ich kam nicht raus. Ich merkte, wie das fallende Wasser des Wehres auf mein Heck donnerte und es langsam unter Wasser drückte, während die Bootsspitze immer höher heraus kam. Wenn ich nicht schleunigst vom Wehr weg kam, würde ich unweigerlich in den Rücklauf gezogen werden.

Ich paddelte um mein Leben, so dachte ich zumindest in diesem Moment. Das muss von oben wie Flügelschlagen ausgesehen haben. Aber es half. Der Strudel spuckte mich aus. Dann war ich durch und trieb langsam auf Olaf zu.

Abtauchen in Bertheldorf

Meine schon vorher geäußerten Zweifel an den Worten von Hans, das Wehr sei nur knappe zwei Meter hoch, waren nur zu berechtigt. Wie sich nun herausstellte waren es vier. Zum Glück wussten wir das aber vorher nicht. Ich kann nicht sagen, ob ich gefahren wäre, wenn ich die wahre Höhe gekannt hätte.

Jetzt kam noch Gerald und ich hatte die Chance, das Schauspiel von unten zu betrachten. Gerald beherzigte alle Tipps und kam über die Wehrkrone geflogen. Offensichtlich etwas weiter als ich, denn der Wehrrücklauf spuckte ihn gleich wieder aus.

Bei der ganzen Hektik hatten wir die fürchterliche Wasserqualität völlig vergessen. Nun aber holte sie uns wieder ein. Nach dem Vollbad am Wehr waren wir mit der stinkenden Brühe völlig durchtränkt und ebenso unsere Klamotten. Glücklicherweise war es unser letzter Tag im Erzgebirge.

159

In der Jugendherberge von Tharandt wurden wir dann auch entsprechend naserümpfend gemustert. Unsere Monturen ließen wir deshalb lieber im Auto und mussten so auch noch auf der Fahrt nach Hause diesen widerlichen Gestank ertragen.

Der Autor taucht ab

Niemals wieder zog es uns zur Freiberger Mulde. Es war der dreckigste Fluss, den wir jemals unter dem Kiel hatten, aber dieses Wehr in Berthelsdorf werden wir nie vergessen, niemals…

Wer kennt diesen Bach?
Ölse oder Oegelfliess 1984

Zwei Dinge sind für einen Kajakfahrer von absoluter Wichtigkeit: Zum einen die Ausrüstung und zum anderen, die Ausrüstung am Mann zu haben. Und zwar immer. Der wichtigste Ausrüstungsgegenstand ist natürlich das Boot. Die berühmte hölzern Wurzel (…ein Ruder war nicht dran) macht die Paddelei vielleicht zu einem sommerlichen Spaßerlebnis, ist aber auf Dauer zu anstrengend.

Ein Paddel wäre also nicht schlecht, sonst ist das Fortkommen, insbesondere auf stehenden Gewässern, nur mit viel Rückenwind möglich. Und wie schon oft beschrieben, haben Radfahrer und Kajakfahrer ja immer Gegenwind. Als dringend notwendig haben sich auch Wechselklamotten für den zwar unwahrscheinlichen jedoch möglichen Fall einer Kenterung erwiesen. Die Wechselklamotten sollten allerdings in einem wasserdichten Transportsack im Boot verstaut sein, anderenfalls hat man nach der Kenterung zweimal nasse Sachen.

Weiterhin zur Ausrüstung können Dinge gehören wie Taschenmesser, Regenjacke, Bier und Fotoapparat. Auch eine Kettensäge ist manchmal erforderlich, um die über dem Fluss liegenden Bäume in der Mitte zu teilen. Aber noch nie hatte man davon gehört, dass es notwendig sein könnte, eine Axt an Bord zu haben.

Bis zu einem Tag im November 1984.

An einem kalten verlängerten Wochenende lud ich das Boot auf's Autodach. Ich wollte es auf jeden Fall dabei haben, wenn sich befahrbares Wasser finden sollte. Vorerst schneite es jedoch wie verrückt. Das erste Wochenende im November mit weißen Flocken. Der Wind trieb sie vor mir her durch die Luft. Etwas Besseres konnte mir gar nicht passieren, denn irgendwann würde das weiße Zeug ja tauen und als Wasser in die Bäche und Flüsse laufen. Dann wäre meine Zeit gekommen. Aber ich musste warten und warten und warten. Es schneite immer weiter. Nach drei Tagen taute es endlich und ich packte meine Ausrüstung zusammen.

Ich hätte dabei auf die wohlgemeinten Ratschläge der Familienmitglieder hören sollen, die mich für verrückt erklärten und fragten, ob ich einen Eispickel dabei hätte.

Aber da jeder passionierte Paddler diese durchaus hämisch zu nennenden Bemerkungen kennt, ließen diese mich kalt. Und das im wahrsten Sinne des Wortes, denn es fror mächtig.

Ich hatte mir einen Bach ausgekuckt, von dem keiner so genau wusste, wie er heißt. Auf einer alten Schlaubetalkarte von ca. 1950 heißt er Ölse. Aber auf der neueren Karte Berlin Süd heißt er Oegelfliess. Ich entschied mich schließlich für Ölse, da der Bach aus dem Ölsener See ausfließt und der am Ort Ölsen liegt. Außerdem klingt Oegelfliess nicht richtig „flussig" oder „bächig", sondern mehr nach Begradigung.

Die Ölse, Abfluss des Ölsener Sees

Ich fuhr also los zum Startort Ölsener Mühle. Noch ein Grund mehr, dem Bach diesen Namen zu geben. Die Ölse war randvoll mit Wasser und mein Optimismus wuchs unglaublich. Alles sah sehr schön kitschig aus. Schneebedeckte Ufer, der Bach zwei Meter breit und mit mäßiger Strömung.

Ich lud mein Boot ab und machte mir vorerst noch keine Gedan-ken, wie ich wieder zu meinem Auto zurückkommen sollte. Das hatte Zeit. Ich wollte nur rauf aufs Wasser.

Und schon ging's los. Herrlich, so allein durch die Natur zu gleiten und zu wissen, oder besser zu glauben, dass noch nie zuvor jemand mit dem Kajak hier entlang fuhr. Zumindest nicht im November.

Die Freude währte nicht lange. Nach ungefähr dreihundert Metern tauchte ich unter einer niedrigen Brücke durch und sah mich unvermutet in Mitten von hunderten Enten wieder. Das war ein Geschrei beim Feder-vieh. Es war genauso erschrocken wie ich und schnatterte auf mich ein. Offensichtlich wurde die Ölse zur Bewässerung einer Entenfarm genutzt.

Was sollte ich nun tun? Ich ließ mich langsam weiter treiben. Das Fe-dervieh paddelte munter vor mir her, anstatt an Land zu watscheln. Und alle Enten, die sich dort noch an Land befanden, stürmten nun ebenfalls ins Wasser und flatterten hoch und wieder runter. Es wurden immer mehr, hunderte, tausende, ich zählte sie nicht. Das Gewimmel konnte man nicht mehr überblicken. Und dazwischen ich, ganz allein mit meinem blauen Boot.

Die Ölse unterwegs ohne Enten

Dabei hätten die Enten nur stromauf schwimmen brauchen und wieder ihre Ruhe gehabt. Es dauerte ein paar hundert Meter bis die ersten mutigen von ihnen meine Harmlosigkeit erkannten, einfach umdrehten und zurück schwammen. Dann hatten es auch die anderen kapiert und der gesamte Schwarm machte kehrt, nicht ohne einen respektvollen Abstand zu meinem Boot zu lassen.

Plötzlich war Ruhe. Aus der Ferne hörte ich noch das Geschnatter der letzten Nachzügler und paddelte so weiter vor mich hin. Am, auf und über dem Bach waren die üblichen Hindernisse, also umgestürzte Bäume, überhängende Büsche und niedrige Stege zu überwinden, bis sich der Bach völlig überraschend zu einem See weitete.

Überraschend deshalb, weil auf keiner Karte so ein Gewässer an dieser Stelle eingezeichnet war. Na ja, eigentlich wäre es ja auch egal gewesen, dann fährt man eben über einen See. Wäre er denn nicht zugefroren. Ich paddelte mit höchster Schlagzahl auf die Eisfläche zu. Wie ein Eisbrecher drückte mein Boot die feste Decke auseinander. Mit lautem Krachen barst das Eis unter dem Boden. Nun ist aber ein Kajak kein Eisbrecher, sondern bleibt, wie auch jedes andere Schiff in der Arktis, irgendwann stecken. Und so geschah es. Hätte ich bloß den Eispickel mitgenommen – oder eine Axt. Aber diese gehört ja, wie gesagt, nicht zur Grundausrüstung eines Kajakfahrers.

Auf den Torfseen bei Grunow

Also paddelte ich rückwärts durch die von mir aufgebrochene Rinne zurück ans Ufer und stieg aus. Ich musste wohl oder übel den See umtragen, konnte aber nicht erkennen, wie weit die Strecke eigentlich war. Glücklicherweise lag ja Schnee. So stapfte ich los und zog das Boot wie einen Schlitten über die Schneedecke hinter mir her. Ein paar Arbeiter am Ufer erklärten mir, dass hier seit zwei Jahren Torf abgebaut wird und deshalb diese Seen entstanden sind. Ja, nicht nur ein See, es würden noch zwei weitere folgen, auch zugefroren.

Irgendwie bemerkten die Arbeiter meinen etwas niedergeschlagen Blick. Oder sie hatten einfach Mitleid mit dem bekloppten Winterkanuten. Jedenfalls boten sie spontan an, mich und mein Boot mit einem LKW um die Torfgruben herum zu fahren. Aufladen, fahren, abladen. Nach fünfzehn Minuten war ich wieder auf dem Wasser. Die Arbeiter winkten mir noch freundlich zu und ich war wieder mit mir und der Natur allein.

Am Rande der Arktis

Die Ölse machte mir weiterhin Freude und plätscherte durch den Winterwald. Bis zur Brücke mit der Straße nach Beeskow. Unter der Brücke, oder besser gesagt dem Tunnel, war es mächtig eng.

Nur ganz knapp konnte ich mich durchquetschen. Es holperte gewaltig, da einige Steine oder Betonbrocken oder was auch immer im Fluss lagen. Sehen konnte ich nichts, denn es war stockdunkel. Mein Ziel war der helle Fleck am Ende des Tunnels. Und als ich ihn schließlich erreichte und wieder ans Tageslicht kam, verschlug es mir fast die Sprache.

Ich fand mich in einem tief eingeschnittenen Wiesental auf einem achtzig Zentimeter breiten Bächlein wieder, das mit erheblicher Geschwindigkeit dahin schoss. Es ging unglaublich schnell voran. Nur paddeln konnte ich nicht mehr, dafür war der Bach zu schmal. Ich musste nur am Ufer ab und zu durch einen kleinen Stoß rechts oder links die Richtung korrigieren. Mehr war nicht zu tun. Nach ungefähr fünfhundert Metern ging es scharf nach links – ich traute meinen Augen nicht. Kilometerweit, oder zumindest so weit ich sehen konnte, führte der Bach schnurgerade durch die so genannten Schneeberger Wiesen. Nun war mir klar, warum der Bach neuerdings Oegelfliess heißt. Die Melioration lässt grüßen! Ade Ölse.

Das Oegelfliess

Über die folgenden acht Kilometer gibt es eigentlich nichts mehr zu berichten. Die Wehre konnte ich alle befahren, unter den schmalen Brücken konnte ich durchtauchen, ansonsten immer gerade aus. Von der Gegend war nichts mehr zu sehen, nur hohe befestigte Ufer.

Langweilig bis zum Abwinken. Aber da musste ich durch. Denn man erinnere sich an die Zeilen vom Anfang der Geschichte. Mein Auto wartete an der Ölsener Mühle auf mich und mitten auf einem Feld in den Schneeberger Wiesen war die Wahrscheinlichkeit, als Anhalter weiter zu kommen, äußerst gering. So paddelte ich also bis nach Beeskow gelangweilt weiter.

Als ich gerade wieder einmal unter einer niedrigen Brücke durchtauchte, waren auf der anderen Seite laute Schreie zu hören. Ein paar Landarbeiter, die gerade ihre Mittagspause abhielten, waren über das plötzliche Auftauchen meines blauen Pfeils derart überrascht, dass ihnen beinahe das Essen aus dem Gesicht gefallen wäre. Aber dann waren sie sehr erfreut über die Abwechselung ihres Alltages und ich bekam auch noch etwas von den leckeren Brühnudeln ab. Daran kann man mal sehen, dass auch den Dingen, wenn sie noch so blöd laufen, eine gute Seite abzugewinnen ist.

Zumal die Landarbeiter mich nach weiteren zwei Kilometern Waldfahrt am Ziel in Beeskow erwarteten, mit ihrem Traktor einsammelten und zur Ölsener Mühle zurück brachten.

Stunden später hatte ich natürlich nicht bereut, das Boot mitgenommen zu haben, und hinterher war es auch ganz toll, und das machen wir mal wieder und so weiter und so weiter. Aber eines ist klar. Zur Grundausrüstung eines Kajakfahrers gehört ab sofort eine Axt…

Der Feind
Pretschener Spree 1984

„Alle Menschen werden Brüder" ist ein frommer Wunsch. Absoluter Quatsch. Jeder hat Feinde. Des Anglers größter Feind ist der Kajakfahrer. Er hat immer das Gefühl, dass der die Fische verjagt, die er sowieso nicht gefangen hätte. Und selbst wenn kein Kajakfahrer des Flusses kommt, so wird der Angler bei Angelerfolgslosigkeit zumindest bei der Familie und den Freunden mit dem für ihn typischen Anglerlatein behaupten, es waren zu viele dieser blöden Kajakfahrer unterwegs.

Natürlich hat auch der Kajakfahrer nicht nur Freunde. Seine natürlichen vier Erzfeinde sind Frühling, Sommer, Herbst und Winter. Niedrigwasser, Hochwasser und gar kein Wasser ergänzen das Feinbild eines jeden Bootsnutzers. Von Elektrozäunen, Kühen, Stasi-Mitarbeitern und Zollbeamten war ja schon die Rede.

Aber ein Feind übertrifft alle anderen um Längen. Es ist die gemeine Bremse. Nicht die Bremse, die man nutzt, um zum Stehen zu kommen. Die gibt es beim Kajak bekanntlich nicht. Nein, gemeint ist das blutsaugende Insekt mit dem lateinischen Namen Tabanidae. Über Angriffe von Mückenschwärmen auf Kajakfahrer hatte man ja schon oft, insbesondere von Touren in Skandinavien oder Schottland, gehört. Aber über einen Bremsenangriff noch nie. Diese listigen Tiere möchten eigentlich nicht gestört werden und versammeln sich gern in Gewässernähe. Nur weiß niemand, in der Nähe welchen Gewässers.

Aber ich kenne ein Solches und das kam so.

Nach einem langen miesen Sommer 1984, der uns die Lust am Paddeln vergehen ließ, schien Ende August endlich die Sonne, das Aufbruchszeichen für einer Faltboottour im Spreewald, die der Auftakt einer Mehrwochenendentour bis ins Bootshaus nach Berlin sein sollte. Mit dabei waren Rainer und Ulli, zwei absolute Neulinge im Boot, die wir auf den Geschmack bringen wollten.

Der Bootsaufbau an der Straßenbrücke über den Roten Nil in Lübben, ja richtig gelesen, so nennen die Lübbener einen Umflutkanal, war zum großen Erstaunen der Neulinge schnell erledigt. Das konnten wir ja inzwischen im Schlaf. Los ging es mit flotter Strömung auf Hochwasser im Spreewald. Außer großer Hitze gab es keine Probleme. Ich weiß, der Leser wird denken, bei Regen wird gemault, bei Kälte wird gemault und bei Wärme auch. Aber ich darf an die vier Erzfeinde, siehe oben, erinnern.

Alle Wehre offen

Alle Wehre waren geöffnet und boten uns freie Durchfahrt. Bis zum Mittag waren wir schon in Schlepzig und machten Rast. Der Wirt hatte aber keine Zeit, uns ein Mittagessen zu reichen. Er war mit seiner gesamten Familie und anderen Helfern beschäftigt, Sandsäcke zu füllen. Für die nächsten Tage sollte eine weitere Hochwasserwelle den Spreewald erreichen. Für uns war das durchaus angenehm, denn bei noch höherem Wasserstand bestand die Chance, einen Abschnitt der Spree zu befahren, der sonst für Faltboote unbezwingbar ist – die Pretschener Spree.

Insgeheim hatte ich die Route anhand der Wetter- und Hochwasservorhersagen schon zu Hause geplant. Aber es mussten die anderen, insbesondere die Neulinge, erst einmal von einem Nebenfluss überzeugt werden.

170

In Schlepzig

Auch diese Argumente hatte ich mir zu Hause schon überlegt und sprach vom sich lang hinziehenden Neuendorfer See, der so umpaddelt werden könnte, von der herrlichen Einsamkeit in der Natur, dass es keine Motorboote auf der Pretschener Spree geben würde und so weiter und so weiter. Wie erwartet waren meine Argumente sehr überzeugend und so bogen wir in die Pretschener Spree ein.

Vorerst nur dreihundert Meter weit, dann mussten die Boote über eine Straße gehoben werden, da die Brücke zugewachsen war. Zu allem Überfluss war auch noch ein Schott unter der Brücke eingebaut, welches das Hochwasser zurückhielt, das auf der Hauptspree dahin rauschte. Das heißt, auf der Pretschener Spree war kein Hochwasser, sondern Niedrigwasser. Ich machte einen auf Optimist und erklärte den Anderen, das würde schon noch werden.

Glücklicherweise setzten wir beim Einsteigen nicht gleich auf Grund auf. Aber es war nun klar, dass uns eine gewaltige Plackerei bevorstand. Von Strömung war gar nichts zu merken. Wären wir bloß auf der Hauptspree geblieben, dachte ich und habe es nicht laut gesagt.

Auf der Pretschener Spree – Heimat der Bremsen

Der Fluss war nun völlig mit Schilf zugewachsen. Wir hatten erhebliche Mühe, unsere Faltbootzweier durch die schmale, kaum zu findende Fahrrinne zu bugsieren.

Nach zwei Kilometern Kampf öffnete sich der Schilfgürtel und wir atmeten auf, nun konnte es richtig losgehen. Das tat es auch, aber anders als erwartet. Milliarden schwarzer stechender Spreewaldbewohner stürzten sich auf unsere, nur mit Badehose und -anzug bekleideten Körper.

Eine Bremsen-Invasion.

Was sollten wir tun? Paddeln und gestochen werden oder nach den Viechern schlagen und das Paddeln aufgeben. Aber dann würden wir ja nie ihr Wohngebiet verlassen können. Zum Glück waren wir, wie versprochen, in totaler Einsamkeit unterwegs. Hätte uns einer gesehen, er hätte uns wahrscheinlich für aus der Anstalt ausgebrochene Irre gehalten. Wären wir bloß auf der Hauptspree geblieben, dachte ich und habe es nicht laut gesagt. So ging es immer weiter – Stich, Stich, Schlag, Paddeln, Stich, Stich, Schlag…

Wehr auf der Pretschener Spree

Da war ein Wehr auf der Strecke mal eine richtige Abwechslung. Wenn auch unbezwingbar. Aussteigen konnten wir nicht, da das ganze Ufer mit Brennnesseln überwuchert war. Außerdem würden wir wahrscheinlich die nächste bremsische Ansiedlung in Alarmstimmung versetzen. Drüber fahren ging auch nicht, da die Wehrschotten mit Brettern verschlossen waren, um einem, hier niemals eintreffenden, Hochwasser Einhalt zu gebieten. Unten durch ging sowieso nichts.

Wir entfernten einfach einige der Hochwasserschutzbretter und wuchteten die Boote über die Wehrkante. Das war ein genialer Schachzug, denn nicht nur unsere Boote waren im Unterwasser, sondern das kühle Nass selbst nun auch in ausreichender Menge. Es floss zügig über die Wehrkante ab und gab uns schönes Zusatzwasser, so dass es endlich mal wieder flott voran ging. Nach vierundzwanzig Kilometern waren wir in Pretschen und beschlossen, unsere Zelte aufzubauen.

Was für eine blöde Idee. Wir hatten gerade die Zeltplanen ausgerollt, als eine riesige Streitmacht lanzenbewährter Sechsbeiner angriff. Wir schlugen um uns, wirbelten mit den Armen, sprangen von einem Bein auf das andere. Das schien die Bremsen nur noch mehr anzustacheln. Und offensichtlich hatten sie noch Verstärkung gerufen, denn eine schwarze Wolke summender Ungeheuer schwebte um uns herum. Man durfte den Mund nicht aufmachen, dann waren sie auch schon drin. Und wer weiß, wie weh ein Bremsenstich tut, der hält ihn ganz bestimmt geschlossen.

Wir hatten gegen diese Übermacht keine Chance, uns blieb nur die Kapitulation. Wir rafften unsere so genannten sieben Sachen zusammen und rannten in Richtung Wald. Die Bremsen immer hinterher, nicht gerannt – geflogen. Aber unser Kalkül ging auf. Am Waldrand stoppten die Reihen der Angreifer.

Nur ein paar unverdrossene Kampfbremsen ließen es sich nicht nehmen, uns weiter zu verfolgen. Aber mit denen wurden wir schnell fertig. Offensichtlich verloren die Biester im Wald die Orientierung. So manche Bremse torkelte geradezu in unsere schlagbereiten Hände.

In weiser Voraussicht hatten wir ein Auto in Pretschen abgestellt. Das war jetzt unsere Rettung. Wir stürzten rein, verriegelten die Türen und Fenster und flüchteten zur Übernachtung an den Schwielochsee.

Am nächsten Morgen waren wir sehr zeitig auf. Vorsichtig bewegten wir uns auf unsere Boote zu. Wir hofften, die Bremsen wären vom Kampf noch geschwächt und würden uns so früh am Morgen nicht erwarten. Und so war es auch. Kein Kampfgeschwader war auf dem Kriegsschauplatz von gestern zu bemerken. Wir machten so schnell es eben ging, unsere Boote fertig und uns damit auf und davon.

Nun endlich führte die Pretschener Spree durch herrlichen kühlen Wald, auf jeden Fall keine Heimat für Bremsen. Doch da sahen wir in der Ferne einen Schilfgürtel auftauchen. Und es lag so ein eigenartiges Brummen in der Luft. Uns schwante Böses, da waren sie wieder, diese Viecher. Offensichtlich gerade erwacht und auf der Suche nach frischem Blut zum Frühstück. Sie griffen sofort und ohne weitere Vorwarnung an. Wir versuchten zurückzuschlagen – ergebnislos. Wir paddelten was das Zeug hielt. Augen zu, Mund zu und durch.

Wir wussten, bis zur Mündung in die Hauptspree war es nicht mehr weit. Irgendwann hatten wir es geschafft, fuhren mitten auf die Spree und kühlten unsere Verletzungen, richtige Bisswunden, insbesondere an den Armen und Beinen. Rainer hatte mehrere dicke Quaddeln im Gesicht. Wir hatten so schon am Morgen die Schnauze richtig voll. Und das wieder mal im wahrsten Sinne des Wortes, denn eines dieser Mistviecher hatte mich in die Lippe gestochen. Ich konnte kaum noch richtig sprechen. Aber außer dem berühmten Wort mit SCH hatten wir uns sowieso nichts zu sagen.

Dafür war es eine Wonne, diese wunderbaren Motorboote, die bislang eigentlich zu den Feinden der Kajakfahrer zählten, zu hören und zu sehen. Und was für herrliche Wellen sie machten – bislang ebenfalls mehr Feind als Freund. Man könnte glatt überlegen, die Strecke noch einmal zu paddeln und dann glücklich den Weg über den lang gezogenen Neusiedler See mit seinen vielen Motorbootfahrern zu nehmen, fern der Einsamkeit. Denn vor einem der größten Feinde der Kajakfahrer ist man dort sicher – den Bremsen.

Übrigens, ob Rainer und Ulli je wieder in ein Faltboot stiegen ist nicht überliefert…

Sind stille Wasser tief?
Klosterwasser 1985

Es gibt viele Sprichwörter oder so genannte geflügelte Worte, die durchaus ihre Berechtigung haben. Zum Beispiel: „Wenn der Hahn kräht auf dem Mist, ändert sich das Wetter oder es bleibt, wie es ist!" Jeder weiß genau, dass dies stimmt. Oder noch schöner „Auch Wasser wird zum edlen Tropfen, mischt man es mit Malz und Hopfen!" Auch dies unbestreitbar eine wahre Aussage, glücklicherweise.

Anders sieht es aus mit: „Wer andern eine Grube gräbt, fällt selbst hinein!" Das kann sein, muss aber nicht. Wer weit genug von der Grube weg ist, bevor der andere reinfällt, kommt mit etwas Glück davon. Man kann auch sagen: „Wer andern eine Grube gräbt, hat ein gut Grubengrabgerät". Und dass die „Axt im Hause" nicht unbedingt immer „den Zimmermann ersetzt", weiß jeder, der mit dem Heimwerken auf Kriegsfuß steht.

Dann sind da noch die Sprichwörter, von denen man sagen kann, dass sie gar nicht stimmen können. Zum Beispiel führen nicht „alle Wege nach Rom" und „Hunde, die bellen", beißen doch. Zwei solch falscher Sprichwörter erlebte ich im eigenen Kajak:

„Stille Wasser sind tief"
„Wasser hat keine Balken"

Es begab sich im März 1985, dass die Frühjahrsunruhe die Kajakfahrer in die Lausitz führte, zu einem Bach namens Klosterwasser. Ein schöner Name, der auch durchaus der eines Kräuterlikörs hätte sein können. Wäre uns vorher klar gewesen, was uns dort erwartete, wir wären niemals an den Start gegangen. Aber alles der Reihe nach.

Als wir in Schönau am Klosterwasser ankamen, sahen wir kein solches, allenfalls eine Rinne, in der es hätten fließen sollen. Es war also eher ein Klosterwässerchen. Wer war bloß auf die bescheuerte Idee gekommen, hier eine Kajaktour unternehmen zu wollen? Da standen wir nun mit drei Kajaks und sogar einem Faltbootzweier am Ufer des vermeintlichen Baches. Das „stille Wasser" war nun leider nicht „tief" und für uns „guter Rat teuer".

Wir untersuchten die Gegend, um heraus zu bekommen, warum sich in diesem Bach, den angeblich zwei unserer Mitstreiter schon einmal gefahren waren, kein Wasser befand. Und wir fanden des Rätsels Lösung. Ein Stück oberhalb unseres Startortes hatte das Wasser doch Balken – der Bach war mit Brettern abgesperrt, um das Wasser in einem Fischteich zu halten. Mit solchen Hindernissen hatten wir ja schon etliche Erfahrungen gemacht und das Abbauen der Bretter wäre in unbewohnter Gegend kein Problem gewesen.

Aber hier, mitten in Schönau, war uns die Sache nicht geheuer. Doch erwies sich das berühmte Sprichwort: „Kommt Zeit, kommt Rat", als goldrichtig. Während wir noch die Möglichkeiten diskutierten, irgendwie an das benötigte Wasser zu kommen, trat ein Mann in unsere Mitte, der sich als der Fischer der besagten Teiche zu erkennen gab.

Unsere Not erkennend schlug er vor, die Balken der Wassersperre zu entfernen und das Wasser abzulassen, da sowieso keine Fische im Teich seien und er auch den Teich vor der Saison mal gründlich reinigen müsse. Und so „kommt es erstens anders und zweitens als man denkt". „Gesagt, getan". Wir waren auch bereit, dem Herrn Fischer bei der Arbeit zu helfen und schnell waren Balken und Bretter entfernt.

Hui, war das eine Wellenpracht, die sich in den leeren Bach ergoss. Getreu des Mottos, „man schmiede das Eisen, solange es heiß ist", stürzten wir in unsere Boote und auf das Wasser und ritten mit lauten Dankesrufen an den Fischer auf der Flutwelle von dannen. Sogar die Faltbootfahrer ließen ihre dicke Badewanne zu Wasser und wurden von der flotten Strömung davon getragen. Der kleine Sohn des Fischers ließ es sich nicht nehmen, ein Stück mitzufahren.

Der Bach war zwar nicht breit, strömte aber gut dahin und zeigte sein Schilfufer. Ein paar Stufen mussten von den Faltbootkapitänen getreidelt werden. „Frisch gewagt ist halb gewonnen". „Man sollte jedoch den Tag nicht vor dem Abend loben", denn das „dicke Ende" kam schneller als gedacht. Irgendwie hatten wir mehr und mehr Grundberührungen. Durch unsere ungestüme Freude und das ebenso ungestüme Paddeln hatten wir unsere eigene Flutwelle überholt und saßen bald wieder auf dem Trockenen. „Wie gewonnen, so zerronnen".

Nach dem Motto: "Mühsam nährt sich das Eichhörnchen", ruckelten wir mit jedem bisschen Wasser ein kleines Stückchen weiter. Unsere Faltbootfahrer kamen gar nicht mehr voran. Nun hieß es „abwarten und Tee trinken", den wir jedoch nicht dabei hatten.

Klosterwasser vorher

Klosterwasser nachher

Da „die berühmte Hoffnung zuletzt stirbt", musste irgendwann das Wasser, wenn es nicht im Grund versickert war, auch hier wieder vorbei kommen. Am Ufer versammelte sich so langsam die dörfliche Bevölkerung, neugierig, was wir im trockenen Flussbett vorhatten. Na klar: „Wer den Schaden hat, braucht für den Spott nicht zu sorgen." Wir warteten ab und ertrugen tapfer ihre Bemerkungen. „Gut Ding will also Weile haben".

Nach einer halben Stunde merkten wir, wie sich unsere Boote „langsam aber sicher" wieder vom Grund lösten. „Auf Ebbe folgt die Flut". Wir wollten den Fehler vom Start nicht ein zweites Mal begehen und warteten ab. Sollte doch das Wasser den Bach herunter fließen, wir wollten erst wieder starten, wenn die Flutwelle nachlässt. Dann konnten wir mit dem Paddeln auf ihr bis zur Mündung in die Schwarze Elster reiten.

„Wer nicht wagt, der nicht gewinnt". So legten wir ab, als der Wasserstand zu sinken begann. Unglücklicherweise waren die Faltbootfahrer gerade dabei, ihren menschlichen Bedürfnissen nachzugehen, als wir losfuhren. Wir riefen ihnen noch laut zu, sich zu beeilen, aber es war zu spät. Die Flutwelle war durch. „Knapp daneben ist auch vorbei".

Wir Kajakfahrer konnten nicht warten und fuhren mit der Flutwelle flott durch die Landschaft. Nach zwei Kilometern kamen wir an die Mündung in die Schwarze Elster, die zwar genug Wasser hatte, aber so schmutzig war und, dass wir bald darauf das Ende der Tour beschlossen. Zumal wir ja noch die Faltbootfahrer mit ihrem Boot einsammeln mussten. Also „Ende gut, alles gut." Und ein weiterer Grundsatz für Kajakfahrer:

„Zuviel ist zuviel, und zu wenig ist nicht genug"

Einen Kräuterlikör namens Klosterwasser, den haben wir übrigens nirgends gefunden…

Aus und vorbei

Skandal im Sperrbezirk
Spree 1985

Kennen Sie weiße Flecken? Da wären zum Beispiel die weißen Flecken an der Stirn von Pferden, Blesse genannt. Das ebenso ausgesprochene aber mit Umlaut geschriebene Wort Blässe dagegen, beschreibt bei Damen, die besonders vornehm wirken wollen, die helle Hautfarbe.

Dann hätten wir noch den weißen Fleck in der Landschaft. Der bezeichnet eine Gegend, die man nicht kennt und in der auch noch niemals irgendein Bekannter war. Ist er sogar auf einer Landkarte verzeichnet, dann ist mit an Sicherheit grenzender Wahrscheinlichkeit davon auszugehen, dass ein Truppenübungsplatz oder anderes militärisch genutztes Gelände der Grund ist. Ein Atombunker zum Beispiel. Auf jeden Fall soll der weiße Fleck jeden abhalten, dorthin reisen oder gar wandern zu wollen.

Schlängelt sich aber eine gewundene blaue Linie mitten durch diesen weißen Fleck, bewirkt dies wiederum beim Kanuten das genaue Gegenteil. Er wird geradezu magisch von dem blauen Band angezogen und beschließt, der Sache ordentlich auf den Grund, oder besser auf das Wasser, zu gehen.

So einen Fleck mit blauem Band namens Spree fanden wir auf der Landkarte im äußersten Südosten der DDR in der Oberlausitz. Am Südhang des mit 583 m Höhe für die Gegend mächtigen Kottmar entspringt sie dort fröhlich plätschernd aus dem Felsgestein. Nach einem langen Weg von 398 km durch die Lausitz und den Spreewald mündet Sie als breiter Fluss in Berlin Spandau in die Havel. Wo die Spree ganz genau entspringt ist ein ewiger Streit zwischen drei Orten in der Oberlausitz. Aber über eines sind sich die Spreequellenanwohner einig:

"Wull mer die Berlinschen fuppm/ do tu mer do n Quaal verstuppm."
(Wolln wir die Berliner foppen/ da tun wir hier die Quelle zustoppen).

Spreequelle in Ebersbach

Spreequelle in Neugersdorf

Spreequelle am Kottmar

So ist es dann auch nicht verwunderlich, dass die obere Spree sich nicht gerade durch einen guten Wasserstand auszeichnet, weil immer irgendein Berliner zu foppen ist. Das sollte uns nicht passieren, würden wir doch bei unserer Ankunft in der Oberlausitz niemandem sagen, wo wir herkamen.

Da wir auf der Landkarte ja nur besagten Fleck vorfanden, mussten wir vor Ort den Wasserstand und die mögliche Einsatzstelle erforschen. Für einen April so kurz nach der Schneeschmelze im Zittauer Gebirge schien uns in Schirgiswalde der Wasserstand ausreichend zu sein und wir ließen die Boote dort ins Wasser. Das gestaltete sich aber schwieriger als gedacht.

Überall versperrten Gitter und Mauern den Zugang zur Spree. Waren das schon die Anfänge des weißen Fleckes? Eigentlich soll der doch erst in ungefähr zwanzig Kilometern in Schlunkwitz beginnen. Aber man weiß ja nie. Mit Mühe fanden wir eine Stelle am Ufer, wo dem Zaun offensichtlich die Zacken aus der Krone gefallen waren und wir schoben die Boote durch eine Lücke zum Ufer hinunter.

184

Am Start in Schirgiswalde

Und dann ging was los. Herrliches Wildwasser Stufe zwei bis drei. Große Felsblöcke im Wasser und eine tolle Strömung ließen uns vor Freude jauchzen und niemand dachte mehr an den weißen Fleck. So etwas hatten wir hier im Oberlauf der Spree nicht erwartet. Auch als sich das Wildwasser beruhigte und gezähmter dahin floss, hatten wir noch viel Spaß. Alle fünfzehn Wehre auf der Spree waren befahrbar und so gab es immer wieder Wildwasserpassagen, selbst für die mitgereisten Faltbootfahrer.

Unser Ziel hieß Bautzen. Sozusagen mitten im weißen Fleck. Der Leser wird nun sagen, ist doch klar mit dem weißen Fleck, da war ja das berüchtigte Stasi-Gefängnis. Und das man da nicht näher heran sollte, ist doch logisch. Aber das Gefängnis hatte mit dem weißen Fleck nichts zu tun, wir wie bald erfuhren.

Kai kommt um die Ecke

Der Autor zwischen den Felsen

Mit dem Faltboot auf wilder Spree

Wir näherten uns Schlunkwitz. Eine große Straßenbrücke kam in Sicht. Am Geländer hing ein Schild mit dem Hinweis, dass ab hier der Durchgang und damit der Uferweg gesperrt und ein Betreten durch Unbefugte verboten ist.

Warum, stand nicht dabei. Also gut, wir waren ja auf dem Wasser und nicht auf dem Uferweg unterwegs und paddelten weiter. Rechts tauchte ein Industriegelände auf, nichts Besonderes, außer, dass alles mit Stacheldraht umzäunt war. Aber das musste auch nichts bedeuten. So etwas gab es öfter. War es vielleicht doch das berüchtigte Gefängnis? Hätten wir eins und eins zusammengezählt, dann wäre uns aufgefallen, dass hier irgendetwas nicht stimmte. Aber wir paddelten gemütlich auf der herrlich fließenden Spree weiter.

Und dann ging es los. Plötzlich öffnete sich der Stacheldrahtzaun wie von Geisterhand und mehrere Uniformierte mit Maschinenpistolen nahmen am Ufer Aufstellung. Offensichtlich der Oberste der Jungs forderte uns auf, sofort am Ufer anzulegen. Sonst würde man Gewalt anwenden. Wir fragten erst einmal, warum und wieso und weshalb und paddelten weiter.

Die Herren in Uniform schienen nicht begeistert zu sein und wollten offensichtlich Ernst machen. Sie nahmen die Maschinenpistolen in Anschlag und zielten in unsere Richtung.

Wir hatten überhaupt keine Lust, uns mit den Jungs anzulegen, aber anlegen wollten wir auch nicht. Schließlich waren wir in Bautzen und jeder wusste, was dort passieren könnte. Wir beschlossen, Gas zu geben und kräftig zu paddeln. Was hätten die Soldaten oder Polizisten, oder was auch immer sie waren, machen sollen? Auf harmlose Paddler schießen? Würden sie Verletzte oder sogar Tote riskieren? Selbst wenn sie nur unsere Boote treffen würden, könnte immer noch zu viel passieren.

Also hauten wir rein, um Vorsprung zu gewinnen. Die Jungs rannten am Ufer hinterher und brüllten fortwährend, sie würden gleich schießen. Wir paddelten noch schneller. In Bautzen hatten wir die Autos am Ufer deponiert und bis dahin mussten wir es schaffen, ihnen so weit voraus zu sein, um anlegen, aussteigen, die Boote verladen und abhauen zu können.

Und wir gewannen Vorsprung. Immer mehr. Jetzt konnten wir sie kaum noch hören. Die einzige große Gefahr ging von zwei noch zu durchfahrenden Brücken aus. Wenn die Verfolger Funkgeräte hatten und Verstärkung dorthin beorderten, könnten wir in Schwierigkeiten geraten. Aber selbst dann würden wir weiterfahren. Was sollten sie machen? Mit einem Motorboot konnten sie uns nicht verfolgen, dazu war der Wasserstand zu niedrig. Und ehe sie die Kampftaucher zum Einsatzort gebracht hätten, wären wir über alle Berge.

Die erste Brücke kam in Sicht. Keine Uniformierten weit und breit. Mit Schmackes unten durch in Richtung Bautzen. Die zweite Brücke kam in Sicht. Wieder keine Uniformierten. Und dann sahen wir Fahrzeuge, unsere! So schnell waren wir noch nie aus den Booten. So schnell hatten wir die Boote noch nie verladen. Wir zurrten sie nur notdürftig fest, sprangen mit den nassen Klamotten in die Autos und fuhren los. Wir mieden alle Hauptstrassen. Denn mit unseren Booten auf dem Autodach wären wir natürlich leicht zu erkennen gewesen.

Offensichtlich unbemerkt gelangten wir so aus Bautzen hinaus und machten uns in Richtung Norden davon. Nach einigen Kilometern bogen wir auf einen Waldweg ab und hatten endlich Zeit zu verschnaufen, uns umzuziehen und die Boote richtig fest zu zurren. Mann, war das eine Aktion.

Was war das nun für ein weißer Fleck? Es war kein Truppenübungsplatz, kein Atombunker, kein Raketengelände. Nein, es war eine Munitionsfabrik.

Aber was können wir dafür, wenn auf dem Schild stand Durchgang verboten und nicht Durchfahrt. Schließlich wollten wir ja wie immer nur auf dem wundervollen Wasser unterwegs sein…

Angriff der Dinosaurier
Klein Welka 1985

In meiner Kinder- und Jugendzeit gab es einen Fernsehfilm, der, wann immer er auch in der Flimmerkiste lief, zum Pflichtprogramm eines jeden Jungen gehörte. Mädchen haben sich diesen Film nicht angesehen, sie gruselten sich zu sehr. Er hieß: „Die Reise in die Urzeit".

Die Handlung ist schnell erzählt. Eine Gruppe von Erwachsenen und Kindern gerät, wie auch immer, daran kann ich mich nicht mehr erinnern, zurück in die Urzeit und erlebt allerhand zum Teil haarsträubende Abenteuer. Unter anderem gab es ein Zusammentreffen mit Dinosauriern. Einige zerfleischten sich selber, aber andere starteten einen Angriff auf die Abenteurer, die gerade in einem Ruderboot oder auf einem Floß einen Fluss befuhren.

Nur mit knapper Not konnten die Leute dem Tod durch Saurierfraß entgehen. Wenn man heute bedenkt, dass die Dinosaurier Pflanzenfresser waren, ist das eine völlig abstruse Geschichte. Aber sie ist mir in Erinnerung geblieben. Und man wird es kaum glauben, mir ist etwas ganz ähnliches passiert, nicht in einem Ruderboot und auch nicht auf einem Floß, sondern, der geneigte Leser ahnt es schon, im Kajak.

Ende April 1985 war ich mit ein paar Freunden und unseren Booten in der Oberlausitz unterwegs. Irgendeiner hatte in der Fernsehsendung „Außenseiter – Spitzenreiter" gesehen, dass es dort echte Dinosaurier gäbe, die man besichtigen könne. So ein Quatsch, dachten wir. Wir ließen uns aber überreden, zumindest einmal nach Klein-Welka, denn dort sollten die Viecher sein, zu fahren und zu schauen, was da so los sei. Niemand hatte je zuvor von Klein-Welka gehört und so war es auch nicht ganz einfach, dorthin zu finden. Doch da immer mal wieder am Straßenrand ein Schild mit Sauriern auftauchte, war klar, wir sind auf dem richtigen Wege.

Und ganz plötzlich stand er vor uns, ein Tyrannus Saurus Rex und hatte ein Schild im Maul mit der Aufschrift: Saurierpark Klein-Welka.

Wie sich herausstellte, hatte ein Mann nur mit seiner Hände Arbeit und viel Stahl und Beton lebensgroße Modelle von den Urviechern gebaut und sie in seinen riesigen Garten aufgestellt. Da das Interesse der Bevölkerung an seiner Arbeit immer größer wurde, machte er sein Hobby zum Beruf und eröffnete diesen Park, in dem die Dinosaurier in echten Lebensstellungen zu besichtigen waren. Zumindest wie sie sich der Bauherr so vorstellte. Wir besichtigten das Anwesen ausführlich und waren begeistert. Nicht von den riesigen Betontieren, sondern davon, dass direkt durch den Park ein Bach floss, der mehrere kleine Teiche mit Wasser versorgte.

In diesem Moment kam uns wieder der Film über die Reise in die Urzeit in den Sinn. Vor dem Park auf den Autodächern waren unsere Boote. Im Park waren Wasser und die Dinos. Das mussten wir unbedingt zuammenführen und die wichtigsten Filmszenen nachstellen. Dazu galt es nur, unsere Boote an dem grimmigen Parkwächter am Eingang vorbeizuschleusen. Der hatte uns auf unser Nachfragen unmissverständlich klar gemacht, dass er von unserer Aktion überhaupt nichts hält. Im Übrigen sei er nicht der Chef und könne so etwas auch nicht entscheiden. Basta!

Während wir noch überlegten, ob wir uns den guten Mann vielleicht mit einem Fläschchen Schnaps gewogener machen könnten, diesen Eindruck machte er – insbesondere wenn er ausatmete – kam uns das Glück wieder einmal zu Hilfe. Im Park hub ein Riesenkindergeschrei an. Wir vermuteten, dass der erste der Saurier bereits zum Angriff übergegangen war. Das dachte sich der Parkwächter wohl auch, schloss sein Kassenhäuschen ab und begab sich an den Ort des Geschreis. Jetzt oder nie! Ruckzuck hatten wir die Boote abgeladen und drangen nun mit ihnen und den Paddeln in den Urwald ein.

Kaum hatten wir die Kajaks zu Wasser gelassen, griff auch schon der erste Flugsaurier an. Nur mit größter Mühe konnte Kai ihn mit seinem Paddel abwehren. Aber der Saurier war verbissen im wahrsten Sinne des Wortes und zwar in das Paddel. Hoffentlich hatte er keine starken Zähne, denn wenn er es zerbiss, war Kai geliefert und hatte kaum noch eine Chance, von dort wegzukommen. Wir mussten ihm zu Hilfe eilen und schlugen auf das Riesenvieh ein. Das lenkte es ab und so bekam Kai das Paddel irgendwie aus dem Maul des Sauriers unversehrt wieder raus. Wir flohen vor dem Flugsaurier.

Doch unsere Verschnaufpause währte nur kurze Zeit. Ein Riesenungetüm von Seeschlange wälzte sich aus dem Wasser direkt auf uns zu. Das Maul weit aufgerissen versuchte sie, mich zu schlucken. Mit einer geschickten Paddelbewegung konnte ich das gerade noch verhindern, aber wieder war Kai nicht schnell genug und sah der Schlange direkt ins Maul.

Flugsaurier im Angriff

Uns war schnell klar, dass für ihn jede Hilfe zu spät kommen würde. Gleich würde er im Schlund des Reptils verschwinden und wir würden nur noch seinen zuckenden Körper durch den Schlangenleib wandern sehen. Doch nein. Kai tat instinktiv das einzig richtige: Er tauchte mit seinem Boot unter ihrem Hals durch und hieb mehrmals mit dem Paddel auf sie ein. Das verwirrte die Schlange ungemein und sie ließ von Kai ab, zumal in diesem Moment auch noch ein Flugsaurier auf dem Kampfplatz erschien und nun seinerseits die Seeschlange angriff.

Wir hatten fürs erste genug und beschlossen, uns an Land von den Strapazen zu erholen. Kaum waren wir dort angekommen, brachen aus dem Dickicht zwei weitere große Saurier hervor, die aber miteinander kämpften. Sie hatten zwar nicht die Absicht, uns zu zerfetzen, aber wie schnell konnten wir im Kampfgetümmel auch in Mitleidenschaft gezogen werden. Also verteidigten wir, wiederum mit den Paddeln als Waffe, unseren Platz. Laut fauchend machten sich die zwei aus dem Staub und wir atmeten durch.

Seeschlange hat Hunger

Kai ging auf dem Waldrand zu, um zu sondieren, ob wir nun unsere Ruhe vor den Monstern haben würden.

Da ertönte ein mächtiges Knacken und Bersten aus dem Unterholz. Die Bäume knickten wie Streichhölzer. Ein Saurier raste heran, der ungefähr wie eine Kreuzung aus Nashorn, Elefant und Flusspferd aussah. Ohne zu zögern nahm er Kai auf seine Hörner und stürmte mit seiner Beute direkt an uns vorbei in Richtung des nächsten Teiches. Kai konnte sich mit knapper Not befreien und von dem Tier abspringen, bevor er von ihm verschlungen wurde. Wir machten, dass wir aus diesem Urwald wieder heraus kamen.

Stolz wie die Spanier und ein bisschen erschöpft paradierten wir am Kassenhäuschen vorbei, wo der grimmige Mann vor Staunen seinen Mund nicht mehr zu bekam. Und so, mit offenem Mund, war er nicht einmal in der Lage, Zeter und Mordio zu schreien. Wir grüßten nett, verabschiedeten uns und trugen unsere Boote aus dem Saurierpark Klein-Welka hinaus.

Angriff der Supersaurier

Die woll'n doch nur spielen!

Der aus dem Wald kam

Ein Nachspiel hatte der ganze Spaß dann doch noch. Nachdem ich einen Bericht über diese Aktion in der Zeitschrift Kanusport veröffentlicht hatte, bekam ich eine Anzeige von der Polizei wegen unberechtigtem Betreten von Privatgrund. Glücklicherweise blieb es bei einer Verwarnung, aber die war der Spaß Wert...

Organisation ist alles

Unter uns Menschen gibt es wahre Organisationstalente. Alles, was sie in die Hände nehmen, klappt vorzüglich. Selbst Busse oder Bahnen haben keine Verspätung, obwohl es regnet oder zwei Flocken Schnee hochkant auf den Gleisen liegen. Diese Menschen sind immer pünktlich.

Das kann so manch andere Zeitgenossen zur Verzweifelung bringen. Insbesondere jene, die sich nicht so gut organisieren können oder einfach kein Glück haben, also die so genanten Pechvögel oder Unglücksraben. Sie können zwar Dinge im Voraus gut planen, aber nie klappt es so, wie sie sich das gewünscht hatten. Sie gehen rechtzeitig aus dem Haus, um den Zug nicht zu verpassen. Da aber die Ampel an der nächsten Kreuzung aus unerfindlichen Gründen auf Dauerrot geschaltet hat, ist der Zug trotzdem ohne sie abgefahren. Es kann auch eine Schranke geschlossen sein oder ein Sturm hat einen Baum über die Straße gelegt. Es passiert grundsätzlich immer etwas, was sein Leben und damit den Pechvogel durcheinander bringt.

Was das alles nun mit dem Kajakfahren zu tun hat? Sehr viel, sie werden es gleich sehen respektive lesen.

Bugsiert man sein Kajak auf dem Autodach zu einer Tour, steht der fahrbare Untersatz nach absolvierter Paddelei nicht am Zielort, sondern am Start. Hier ist nun Organisationsgeschick gefragt. an. Man muss dorthin zurück und das Auto holen, um das Boot wieder aufladen zu können.

Faltbootfahrer können genau das tun, wozu der Name des Gefährtes sie auffordert und das so Raum sparend zerlegte Teil per pedes zum nächst gelegenen Bahnhof schaffen. Wenn natürlich die Ampel oder die Schranke oder der Baum und so weiter…, dann ist auch hier wieder alles verloren. Bleiben wir aber beim Kajak.

Am Einfachsten ist es, nicht allein auf Tour zu gehen, sondern gemeinsam mit anderen Sportfreunden und wenn es geht, mit zwei Autos. Dann fährt man zum Startort und legt die Boote ans Ufer. Beide Autos fahren zum Zielort. Ein Auto wird dort abgestellt und beide Fahrer fahren mit dem anderen Auto zum Startort zurück.

Mit den Booten am Ziel angekommen fahren nun die zwei Fahrer mit dem dort wartenden Wagen zurück zum Anfang der Tour und holen das da verblieben Auto nach. Das ist die beste Lösung und macht, außer Zeit zu kosten, keine Probleme.

Hat man kein zweites Auto zur Hand, muss man sich anders helfen, um das Problem in den Griff zu bekommen. Man fährt zum Startort und legt die Boote ans Ufer. Nun ist eine wichtige Entscheidung zu treffen. Man kann mit dem Auto zum Zielort fahren und dieses dort abstellen. Dann muss man nur noch irgendwie zurück zum Start. Man kann aber auch sofort mit den Booten aufs Wasser gehen, eine wunderbare Flussfahrt machen und feststellen, dass am Ziel kein Auto ist.

Beide Varianten haben Vor- und Nachteile. Steht das Auto am Ziel, so hat man trockene Klamotten bereit, sofern man sie braucht. Und vielleicht ist auch ein Bier für den Beifahrer an Bord. Der wichtigste Vorteil ist, man kann nach getaner Sport(arbeit) sofort nach Hause aufbrechen. Nachteilig ist natürlich, dass man für den Vorgang des Autotransportes zum Ziel und die Rückfahrt viel Zeit benötigt, in der die anderen Partner warten müssen.

Hat man das Auto dagegen am Start, so kann man mit frischem Tatendrang und bei besten Kräften aufs Wasser gehen. Nachteilig sind nun alle Punkte, die vorher von Vorteil waren. Keine trockenen Klamotten am Ziel, das Bier fehlt wahrscheinlich auch. Und während einer nun zurück muss, das Auto holen, liegen die anderen in der Sonne und ruhen sich aus.

Das ist die Grundkonstellation, die sowohl für Eintages- als auch für Mehrtagesfahrten gilt. Bei letzteren muss man den Vorgang einfach jeden Tag wiederholen. Betrachten wir nun die Variante des kraftvollen Starts, bei der das Auto am Ausgangspunkt zurück gelassen wird. Wie kommt man wieder zurück zu demselben?

Eine sehr hübsche Lösung ist das Trampen. Man hält am Zielort den Daumen in den Wind und hofft, dass ein hilfreicher Autofahrer anhält. Wenn der dann auch noch dorthin unterwegs ist, wo man selbst hin möchte, hat man Glück gehabt. Aber das sieht nur auf den ersten Blick einfach aus.

Man versetzte sich in seine Lage. Da steht ein zerzauster Mann am Straßenrand mit vielleicht völlig nassen Klamotten, manchmal sogar mit zerrissenen Hosen. Halten Sie da an und nehmen den Kerl mit?

Der macht Ihnen doch ihren schicken Flokatischonbezug nass und die frisch gesaugten Filzfußmatten dreckig.

Also, wahrscheinlich nicht. Und so denken die meisten Autofahrer. Also steht man nach einer guten Stunde immer noch am Straßenrand. Die Stimmung ist am Boden, und die Mitstreiter haben gerade beschlossen, die Rückkunft in der nächsten Dorfkneipe abzuwarten.

Man könnte sich auch ein Taxi besorgen. An sich eine tolle Idee, aber in DDR-Zeiten sofort zum Scheitern verurteilt, da es in der Provinz keine Taxis gab. Und wie hätte man es in der Wildnis rufen können? Mit lauten Taxi-Taxi Rufen, wie man es aus schlechten Filmen kennt, kann man hier nichts ausrichten. Kein Taxi weit und breit. Nicht einmal ein Echo kommt aus dem Wald.

Eine interessantere Variante ist es, mit dem Zug zurück zum Startort zu fahren. Hierbei ist jedoch der Profi gefragt. Zunächst muss die Paddelstrecke an Hand von Bahnlinien ausgesucht werden. Flüsse, die nicht in deren Nähe verlaufen, fallen damit aus. Hat man eine Gegend gefunden, in der Bahn und Fluss gemeinsam durch das Tal streben, sind der Start- und Zielort auszuwählen. Dafür gilt, dass Fluss und Bahnhof dicht beieinander liegen müssen, um später eine lange Fußwegstrecke auszuschließen. Start und Ziel müssen dann auch noch im richtigen Abstand voneinander liegen. Es macht wenig Sinn, wenn sich der nächste Bahnhof nur fünf Kilometer vom Start entfernt befindet. Das ist definitiv zu kurz. Wenn er aber dreiundachtzig Kilometer entfernt ist, ist es definitiv zu weit.

Ja, und nun kommt es. Ohne ausgiebiges Studium der Fahrpläne ist die Variante nicht durchführbar.

Hat man überhaupt einen passenden Zug gefunden, der ungefähr zur gewünschten Uhrzeit von A nach B fährt, so muss man auch noch pünktlich seine Paddeltour beenden und am Bahnhof erscheinen, sonst ist der Zug im wahrsten Sinne des Wortes abgefahren. Und wie üblich kommt der nächste dann frühestens in zwei Stunden.

Für den Pechvogel unter den Kajakfahrern liegen nun allerhand Hindernisse im Wege, wie unfahrbare Wehre, umgestürzte Bäume, Schilfpassagen oder Kenterungen. Vielleicht geht auch das Boot kaputt und muss repariert werden. Kurz gesagt, er schafft den Zug nie. Und sollte er wider erwarten pünktlich am Bahnhof eintreffen, so hat der Zug garantiert Verspätung.

Während der Pechvogel halb verhungert und verdurstet nach vier Stunden endlich mit dem Auto am Zielort eintrifft, haben seine Kameraden bereits im Bahnhofslokal gespeist und getrunken und wollen nun vor allem nur noch Eines – nach Hause.

Das Organisationstalent jedoch hat bereits im Vorfeld die Wasserwanderkarten studiert oder sich anderweitig informiert. Er weiß, wie viele Wehre es zu bezwingen gilt, ob lange und aufwendige Umtragestrecken zu bewältigen sind oder hat gar vorher mit einer Motorsäge alle Baumsperren durchfahrbereit gemacht. Er hat auch bewusst eine frühere Startzeit festgelegt und Zeitpuffer eingebaut.

Kurz gesagt, er schafft den Zug immer und Zugverspätungen einzubauen, trauen sich die Bahner gar nicht erst. So bleibt ihm, wenn er mit dem Auto zurück ist, auch noch die Zeit, einen kleinen Happen am Bahnhofskiosk einzunehmen, während die Kameraden die Boote verladen. Schön und gut!

Jetzt kommt die sportlich optimierte Variante, bei der ein neues Element ins Spiel kommt – das Fahrrad! Dies ist auch für alleinreisende Kanuten zu empfehlen und geht so.

Man fährt mit dem Auto zum Zielort und deponiert dort das Fahrrad, angeschlossen an einem Brückengeländer oder ähnlichen stabilen Bauwerken, denn man möchte es ja später wieder finden.

Man fährt weiter zum Startort und steigt ins Boot. Hei juche, so geht es fröhlich flussab. Nach mehreren Stunden kommt man gut gelaunt am Ziel an und weiß ja, dass man nun weder trampen muss noch an die Zugzeiten gebunden ist. Man steigt aufs Rad und strampelt zurück zum Auto. Schnell ist das Rad verladen, schnell ist man zurück am Zielort, schnell ist das Boot aufs Autodach geschnallt und schnell ist man wieder zu Hause.

Soweit die Theorie. Nun zwei wunderschöne Beispiele aus der Praxis.

Gehen wir einmal davon aus, das Fahrrad wurde nicht geklaut und man hat auch keine Reifenpanne. Das kommt oft vor, würden aber in dieser Geschichte zu weit führen. Erfreut findet man am Ziel das Fahrrad noch gut angeschlossen am Brückengeländer. Ein paar trockene Klamotten hat man extra mitgenommen, um nicht unter Umständen als nasser Lappen durch die Gegend zu fahren.

Man schreitet zum Drahtesel und – findet den Schlüssel vom Fahrradschloss nicht. Alle Taschen werden durchsucht – nichts. Langsam aber sicher reift die Erkenntnis, der Schlüssel liegt im Auto. Ohne schweres Werkzeug ist das Schloss nicht zu knacken, denn man hat ja extra ein besonders stabiles gekauft, um den Dieben jede Chance auf Erfolg zu nehmen.

Hat man großes Glück, so befindet sich in der Nähe ein Bauernhof oder eine Autowerkstatt oder etwas Ähnliches. Dort kann man um Hilfe nachsuchen und eventuell ein geeignetes Werkzeug borgen. Einen Seitenschneider zum Beispiel oder einen Bolzenschneider.

Es kann aber auch passieren, dass man statt Bolzenschneider Ärger mit der Polizei bekommt. Wenn der Bauer nicht glaubt, dass man der Besitzer des Fahrrades ist und die Polizei ruft, kommt man in Teufels Küche. Und dem prüfenden Herrn Polizisten kann man ja auch nicht beweisen, dass man der Fahrradeigner ist. Allerdings bietet sich nun wenigstens noch die Chance, mit Polizist und Polizeiauto zwecks Prüfung des Sachverhaltes, zum Startort zu fahren.

Beispiel Nummer Zwei. Erfreut findet man am Ziel das Fahrrad noch gut angeschlossen am Brückengeländer vor. Ein paar trockene Klamotten hat man extra mitgenommen, um nicht unter Umständen als nasser Lappen durch die Gegend zu fahren.

Man schreitet zum Fahrrad und – entfernt das Schloss und fährt los in Richtung Startort. Neben dem schon obligatorischen Gegenwind ist die Strecke ziemlich hügelig oder heftig bergig, je nach dem. Auch scheint die Straße nicht dem Flussverlauf zu folgen, sondern windet sich in Kehren um jeden Hügel. Jedenfalls kommt einem der Weg schon nach zehn Kilometern gewaltig schwierig und lang vor. Man hat ja auch bereits fünfundzwanzig Kilometer gepaddelt. Endlich sieht man den Zielort auftauchen. Noch zwei oder drei Hügel, diverse Kurven und man ist da.

Man schreitet zum Auto und – findet den Autoschlüssel nicht. Alle Taschen werden durchsucht – nichts. Langsam aber sicher reift die Erkenntnis, der Schlüssel liegt im Boot bei den nassen Klamotten. Super!

Die Variante, sich ein Öffnungswerkzeug zu borgen, fällt hierbei komplett aus. Denn diesmal würde die Polizei kein Wort glauben. Was bleibt nun? Rauf aufs Fahrrad und über Hügel und Berge und um die Kurven zurück zum Boot. Autoschlüssel greifen und sich die ganze Strecke zum dritten Mal antun. Nach fünfundzwanzig Kilometern Paddeln hat man nun noch neunzig Kilometer Radfahren in den Knochen und für dieses Mal wirklich genug.

Ich will jetzt nicht behaupten, dass diese Geschichten einem Organisationstalent passiert sein könnten, aber vorgekommen sind sie schon, wie mir aus sicherer Quelle berichtet wurde. Auch die beste Vorbereitung kann an den kleinen Widrigkeiten des Lebens scheitern …

Verschollen im Amazonas Delta
Alte Oder – 1985

Jeder Junge liest gern Abenteuerbücher. Ob Mädchen dies auch tun, entzieht sich meiner Kenntnis, da ich nicht mit ihnen aufgewachsen bin, sondern immer mit meinen Jungs durch die Gegend zog. Wie tobten über die Felder und Wiesen, waren Indianer und Cowboys, durchaus auch einmal Räuber und Gendarm, aber oft führten uns Expeditionen in den Urwald.

Der Urwald, das waren die Ufer des Oder-Spree-Kanals oder auch der Oder mit ihren vielen Altarmen. Dort konnte man Abenteuer erleben und so tun, als sei man Alexander von Humboldt bei der Erforschung des Amazonas.

Wir haben zwar nie etwas mit unserem selbstgebauten Pfeil und Bogen erlegt, aber das Gefühl, wir würden wenn wir wüssten dass wir könnten, war unbeschreiblich. Und wenn uns das Spiel zu langweilig wurde, setzten wir uns auf das Geländer der Straßenbrücke über die Schleuse des Oder-Spree-Kanals, ließen die Beine baumeln und sahen den Kähnen zu, die in unserer Phantasie in die große weite Welt fuhren.

Ja, das alles hat mit dem Kajak fahren zu tun. Sehr viel sogar, denn die Oder, und insbesondere die vielen Altarme, wollten Jahre später auch von mir mit dem Boot erkundet werden, wenn auch ohne Pfeil und Bogen.

So fuhr ich im langweiligen Sommer 1985 ins Oderbruch, um auf der so genannten Alten Oder eine Tour zu machen. Aus dem wenigen vorhandenen Kartenmaterial hatte ich mir einen Rundkurs herausgesucht, der mich nach insgesamt achtzehn Kilometern wieder zu meinem Auto zurückführen sollte. Dabei hatte ich vor, neben der Alten Oder einige Kanäle und kleinere Bachläufe zu benutzen. Da die Strömung im Oderbruch kaum als solche bezeichnet werden kann, macht es auch nichts aus, ihr einige Kilometer entgegen zu fahren.

Ich machte mich auf den Weg nach Manchnow, lud mein Boot ab und stellte mein Auto an einer Brücke über die alte Oder, direkt an der Mündung des Breiten Baches an den Straßenrand. Überraschenderweise strömte die Alte Oder beträchtlich. Damit hatte ich nicht gerechnet. Aber das alles würde sich über Wehre und Schleusen wohl bald normalisieren.

Start in Manchnow

Kennen Sie ein großes Problem von Kanufahrern, die in einsamen Gegenden unterwegs sind? Sie wissen meistens nach einiger Zeit nicht mehr, wo sie sind, wenn ihnen äußere Anhaltspunkte keinen Hinweis geben. So erging es nun auch mir.

Alte Oder im Oderbruch

Die aus meiner Sicht zu schnelle Strömung hatte mein Fahrgefühl durcheinander gebracht. Ich musste aufpassen, meinen Abzweig in einen Seitenkanal nicht zu verpassen, denn ich wollte später ja wieder bei meinem Auto in Manchnow ankommen. Ich hatte aus den Karten herausgerechnet, dass ich ungefähr zehn Kilometer auf der Alten Oder bleiben wollte, um dann auf die Gusower Oder abzubiegen. Dafür hatte ich zwei Stunden Zeit eingeplant.

Es ging flott voran. Ein heftiges Gewitter ließ mich von oben nass werden, aber im Sommer ist das natürlich kein Problem. Ich paddelte gemütlich durch Hochwald und Felder und suchte meinen Abzweig. Nur ging die Sache viel schneller, als ich es erwartet hatte. Eine Beschilderung der Flüsse und Bäche, wie es sie heute gibt, war damals nicht vorhanden. Menschen, die man hätte fragen können, waren nicht zu sehen. Was im Oderbruch ja auch kein Wunder ist, einem der am wenigsten besiedelten Flecken in der DDR.

Nach ungefähr ein und einer halben Stunde, so kalkulierte ich, musste mein Abzweig auftauchen. Und richtig, da war er. Ich bog in den viel schmaleren Bach ab und hatte nun ungefähr drei Kilometer durch die Wiesen zu paddeln, bis ich nach einer Schleuse auf der Gusower Oder ankommen sollte.

Drei Kilometer sind schnell absolviert. So in etwa, da es eine leichte Gegenströmung gab, in einer Stunde. Es war nicht viel vom Land zu sehen, da der Bach, oder war es ein Kanal, tief in die Felder eingegraben war. Ich paddelte weiter und weiter. Immer weiter. Der Bach wurde schmaler und schmaler. Immer schmaler. Ich hatte manchmal kaum noch Platz, mein Paddel richtig zu benutzen. Ich sah auf die Uhr, schon über eine Stunde war vergangen und von einer Schleuse war weit und breit nichts zu sehen. Na gut, noch ein viertel Stündchen, dann müsste ich endlich da sein.

Mit der Gegenströmung ging es aber langsamer, als gedacht, voran. Auch nach einer weiteren viertel Stunde war von einer Schleuse noch immer nichts zu ahnen. Ich studierte mein Kartenmaterial. Es war eindeutig, hier hätte sie schon längst sein müssen. Ich war leicht verunsichert. Entweder stimmte die Karte nicht, oder ich hatte mich verpaddelt. Ich stieg aus meinem Boot aus und erklomm das hohe Ufer, um die Umgebung zu betrachten.

Schleusengraben oder doch nicht?

Es wird immer enger

Es gab keine Umgebung, nur Felder und Wiesen mit unglaublichem Weitblick. Eigentlich hätte ich Golzow sehen müssen, zumindest dessen Kirchturm. Aber es war nur flaches Land in Sicht und ich hatte die Gewissheit, mich verirrt zu haben. Der Karte nach war ich wohl zu früh in den so genannten Schleusengraben abgebogen.

Na schön, wenn der Graben schon Schleusengraben heißt, musste er auch eine solche haben. Und da bisher keine zu sehen war, musste sie noch kommen. Auf der Karte war dieser Graben nur ein dünner blauer Strich. Das verhieß auf jeden Fall nichts Gutes. Aber hatte ich eine andere Wahl, als weiter zu paddeln? Zurück wäre auch Quatsch gewesen, da ich nun schon einmal so weit eingedrungen war. Der dünne Strich auf der Karte mündete jedenfalls in einen größeren Graben oder Altarm der Oder. Da musste ich nur noch hinkommen.

Ich paddelte weiter und weiter. Nach einer geschlagenen Stunde tauchte endlich ein Bauwerk auf. Endlich eine Brücke. Das war ein gutes Zeichen. Wo Brücken sind, sind Straßen. Wo Straßen sind, sind Menschen und wo Menschen sind kann man Auskunft bekommen. Soweit die Theorie.

Ich stieg aus und besah mir die Gegend in der Praxis. Jawohl, wo Brücken sind, sind auch Straßen. Normalerweise. Aber diese Brücke stand mitten in der Landschaft. Ein Feldweg führte darüber. Bei näherer Betrachtung kam mir die Erkenntnis: Das letzte Mal war hier ein Fahrzeug zurzeit Friedrich des Großen unterwegs, ganz sicher. Logischerweise waren auch keine Menschen zu sehen, die mir hätten Auskunft geben können, wo ich mich befand.

Nun war ich insgesamt schon vier Stunden unterwegs. Eigentlich wollte ich längst am Ziel sein. Ich hatte eine Flasche Cola dabei, um meinen Durst zu löschen, aber nichts zu Essen. Mein Magen begann zu knurren und mich beschlich die unangenehme Vorstellung, dass ich wohl verhungern würde, wenn nicht bald eine Lösung meines Problems auftauchte.

Auf der Karte war keine Brücke über den Schleusengraben eingezeichnet. Außerdem war ich schon viel zu lange auf diesem unterwegs. Er hätte schon längst nicht mehr da sein dürfen. War das vielleicht gar nicht der Schleusengraben? Was, wenn ich einen ganz anderen Abzweig erwischt hatte, der nicht auf meiner Karte eingezeichnet war? Ich war ratlos. Wo war nur dieses Golzow?

Meine Laune sank auf dem Tiefpunkt. Nicht weil ich mich verpaddelt hatte. Das war zwar blöd, aber nun nicht mehr zu ändern.

Vielmehr überlegte ich, was es bringen würde, zu Fuß weiter zu gehen und eine Ortschaft zu suchen. Dann müsste ich das Boot liegen lassen oder auf meiner Schulter durch die Felder und Wiesen schleppen. Ließe ich das Boot liegen – da war ich mir sicher – würde ich es nicht mehr wieder finden. Und schleppen auf der Schulter? Nein, das wollte ich auch nicht.

Also wieder rein ins Boot und weiter. Ich gab mir noch eine Stunde, maximal. Dann würde Schluss sein mit der Plackerei. Ich paddelte und paddelte. Und nach einer halben Stunde kam ich an eine Schleuse. Ich konnte mein Glück kaum fassen. Endlich eine Orientierungsmöglichkeit. Erfreut kletterte ich auf die Schleusenmauer.

Wunderbar! Oberhalb war ein Bach oder ein Flüsschen. Da ich auf der Alten Oder nach Norden gefahren war und auf dem nicht vorhandenen Schleusengraben nach Westen, musste ich nun also nach Süden fahren. Dann brauchte ich nur noch einen Abzweig nach Osten und schon würde ich wieder bei meinem Auto sein.

Weit und breit war keine Menschenseele zu sehen. In der Ferne konnte ich eine Ortschaft ausmachen und das auch noch gen Osten, also in Richtung meiner weiteren Fahrt.

Ich war nun sechs Stunden unterwegs und hatte einen Riesenhunger. Verdursten konnte ich nicht, auch wenn meine Colaflasche inzwischen leer war. Es gab ja Wasser im Überfluss. Hätte ich bloß Pfeil und Bogen dabei gehabt, dann könnte ich eine Ente erlegen und den Hunger stillen Andererseits, Ente roh war auch nicht die Speise meiner Wahl. Wie hätte ich als Nichtraucher auch Feuer ohne Streichhölzer oder Feuerzeug machen sollen? Ich musste bald mal was essen. Mein Magen knurrte immer lauter und verdrängte langsam das Gefühl, verloren am Amazonas zu sein.

Also weiter in Richtung Süden. Die Suche nach Ortschaften, deren Namen auf meiner Karte eingezeichnet waren, hatte ich inzwischen aufgegeben. Ich hätte die Karte auch weg schmeißen können, wusste ich doch sowieso nicht mehr, wo ich eigentlich war. Nur die Ortschaft in der Ferne war noch in meinem Kopf, da müsste ich in ungefähr einer halbe Stunde sein. Und vielleicht gab es da ja was zu essen.

Mein Flüsschen schlängelte sich so durchs Land. Mal links rum, mal rechts rum. Dann wieder ein Stück gerade aus. Der Gedanke an die nahe Zivilisation trieb mich an. Gleich musste es soweit sein und ich war wieder unter Menschen. Noch mal links rum und dann – war nichts.

In Ordnung, noch mal rechts rum und noch mal links rum und dann – war wieder nichts. Das konnte doch gar nicht sein. Wo war das Dorf geblieben? Ich hielt an, kletterte ans Ufer und sah es weit hinter mir. Ich war glatt daran vorbei gepaddelt. Wieder hatte ich Entfernung und Geschwindigkeit nicht ins richtige Verhältnis gesetzt.

Nun war es auch egal. Ich musste ja sowieso weiter nach Süden und war halt auch an einer möglichen Verpflegungsstelle vorbei gepaddelt. Vielleicht gab es ja in der Nähe ein Kohl- oder Möhrenfeld, das ich abernten konnte. Aber nichts da, nur ungenießbares Gras. Ich war nun fast sieben Stunden unterwegs und sah so langsam keine Chance mehr, vor Einbruch der Dunkelheit mein Auto zu finden. Ob mich zu Hause schon jemand vermisste? Vielleicht wurden schon Rettungsmannschaften losgeschickt. Vielleicht kommt auch ein Hubschrauber und wirft ein Überlebenspaket ab. Mir blieb nur, weiter in Richtung Süden zu paddeln.

Langsam merkte ich, wie meine Kräfte nachließen. Das Paddeln fiel mir immer schwerer. Es kam mir vor, als ob ich nicht auf dem Wasser, sondern auf Klebstoff unterwegs war. War ich schon am Verhungern? Hatte ich schon Halluzinationen? Nein, nur eine Gegenströmung. Ich hatte gar nicht bemerkt, dass die immer heftiger geworden war. Das gab mir neuen Mut. Denn wenn die Gegenströmung zunahm, musste bald ein Wehr kommen. Und da war es schon. Ein schönes hohes Wehr mit Schleuse. Wundervoll. Noch nie hat mich ein Hindernis im Fluss so erfreut, wie dieses.

Schnell war ich aus dem Boot und hatte es nach oben getragen. Oh, was für eine Freude. Ein schnell nach Osten fließendes Gewässer. Ich wusste zwar nicht, wo ich war. Aber die Fließrichtung des Baches war absolut in meinem Sinn. Irgendwann musste er in die Alte Oder münden. Nur wann und wo, war nicht klar.

Ich legte los und paddelte zügig in Richtung Osten. Vielleicht hätte ich wenigstens mal Umschau an der Schleuse halten sollen, um mich zu orientieren. Aber vor lauter Freude über den Bach hatte ich das ganz vergessen. Gut, vielleicht würde ja noch eine Brücke kommen.

Kam aber nicht, dafür ein Angler am Ufer. Der erste Mensch seit über sieben Stunden auf dem Wasser. Was für eine Erlösung. Ich war doch nicht verloren. Wenn ein Mensch hier war, musste es noch andere geben. Und bestimmt konnte mir einer sagen, wo ich war.

Dem Angler war ein Gespräch mit mir überhaupt nicht recht. Ich erklärte ihm, wie erfreut ich sei, ihn, meinen vermeintlichen Retter, hier am Ufer anzutreffen.

Eigentlich war es ja auch eher ein Monolog. Was für eine Odyssee ich bereits hinter mir hatte und wie dringend ich Essen und einen guten Rat brauchte.

Er wäre auch sehr erfreut, meinte er, wenn ich mich so bald als möglich wieder verpissen würde. Sprach's und wandte sich stumm seiner Angel zu. Eines wusste ich jetzt ganz sicher: Ich war noch im Oderbruch. So sind sie hier, die Leute. Immer einen „flotten Spruch auf den Lippen"

Der Breite Bach

Also machte ich mich weiter auf die Suche nach einer Brücke. Ich hatte nur noch Brücken im Kopf. Fände ich eine, würde ich auf jeden Fall die Tour beenden und irgendwie zur nächsten Ortschaft trampen, um rauszukriegen, wo ich war.

Eine Brücke kam in Sicht. Und ein Auto an der Brücke. Dort musste also jemand sein, ein anderer Angler vielleicht, den ich um Hilfe für einen fast Verhungerten anflehen konnte. Näher und näher kam ich der Brücke. Das Auto stand immer noch da. Einen Angler bemerkte ich nicht. Vielleicht saß er auf der anderen Seite der Brücke. Nur noch einhundert Meter. Das Auto hatte sich nicht bewegt und kam mir irgendwie bekannt vor. Es

214

hatte jedenfalls die gleiche Farbe wie meines. Noch näher ran – und hurra, ja es war mein Auto. Endlich!

Am Ziel

Nach über acht Stunden im Amazonas-Delta hatte sich der Kreis für mich geschlossen, fast verhungert zwar, war ich doch sehr glücklich. Und die alten Kekse im Handschuhfach des Autos waren eine Wonne. Ich lud mein Boot auf und fuhr nach Hause.

Dort war niemand überrascht, mich zu sehen. Offensichtlich hatte mich auch keiner vermisst. Suchtrupps waren nicht unterwegs, der Hubschrauber nicht gestartet. Ich hätte also umkommen können. Glücklicherweise war ich aber nur an der Alten Oder unterwegs und nicht wirklich verschollen im Amazonas Delta.

Immerhin erfuhr ich später, dass ich von Anfang an chancenlos war. Ein älterer Herr erklärte mir, dass die Karten über die Bäche und Wasserstraßen des Oderbruchs sowieso nicht stimmen könnten, da jedes Jahr einige Kanäle neu gebaut, andere umgelegt und wieder andere zugebaggert werden. Das stört hier keinen. Und der Amazonas sei seines Wissens nach ganz woanders, das hier sei die Alte Oder…

Es ist so langweilig
Rheinsberger Rhin 1986

… mir ist so langweilig!

So begann die erste Geschichte dieses Buches. Und nun stellte es sich wieder ein, dieses triste Gefühl. Nicht, dass es die Sehnsucht nach dem großen Abenteuer war, nein, es war einfach die Langeweile des Kajakfahrers im Winter.

Der Weihnachtsmann hatte sich wieder in sein Quartier im hohen Norden verzogen und die Jahreswechselfeierlichkeiten waren endgültig vorbei. Und nun war es langweilig. Ich hätte an der Modelleisenbahn weiter bauen oder Fotos ins Fotoalbum einkleben können. Ich hätte auch die Tourenfotos des letzten Jahres anschauen können. Aber das wäre noch schlimmer gewesen und hätte den Eindruck der unsportlichen Langeweile noch verstärkt.

Plötzlich klingelte es an der Tür, ich öffnete und wer steht davor? Kai. Seine ersten Worte nach der Begrüßung waren: „Ist Dir auch so langweilig?"

Ach, ein Leidensgenosse. Und Kai erzählt von weiteren sich langweilenden Sportfreunden. Wie bei uns beteten die zugehörigen Familienmitglieder, dass es Frühling werde, um die leidenden Männer endlich wieder aus dem Haus zu kriegen. Was konnten wir bloß tun? Es gab nur eine einzige Antwort – paddeln im Winter.

Schneetreiben und minus 10 Grad am Start

217

Flotte Strömung am Start

Winter in Rheinsberg

Und so wollten wir am nächsten Wochenende den Rheinsberger Rhin im Winter bezwingen. Hoffentlich war der nicht auch zugefroren wie die vielen anderen Gewässer. Bei Schneefall, der manchmal so stark war, dass die Scheibenwischer es kaum schafften, ihn von der Frontscheibe zu beseitigen, zogen wir los. Und das Glück war mit uns. Bei minus zehn Grad kamen wir am wunderbar schnell fließenden Rheinsberger Rhin an.

Der Rheinsberger Rhin

Ohne Neoprenanzüge, die es in der DDR nur für Taucher und nach ausführlicher sicherheitstechnischer Durchleuchtung der Persönlichkeit gab, war die Kleiderfrage für diese Tour das größte Problem. Lange Unterhosen, dicke Pullover, Schal, Mütze und Handschuhe mussten unbedingt sein, wollten wir nicht erfrieren. Auch ins Wasser fallen sollten wir möglichst nicht. Dann würden wir auf der Stelle zu Eiszapfen.

Normalerweise kann man schon beim Einsteigen nass werden, zumindest an den Füßen, aber das wollte niemand. Und so nutzten wir einfach unsere Boote als Rodelschlitten und rutschten von der Böschung ins Wasser hinein. Heija, Schnee und Rodel gut! Ab ging die Post. Leider hat uns niemand gesehen, der dann von den Verrückten berichten könnte, die im Januar bei dieser Saukälte auf dem Rheinsberger Rhin unterwegs waren.

Rodelstart 1

Rodelstart 2

Rodelstart 3

Wir fuhren gut gelaunt und mit schneller Strömung durch den Winterwald. Das Paddeln machte uns warm und von Langeweile war nichts mehr zu spüren.

Wie es so ist, kann man dabei nicht verhindern, dass Wasser am Paddel herunter läuft und auf die Hände trifft. Das ist im Sommer überhaupt kein Problem, eher sogar erfrischend. Im Winter bei minus zehn Grad aber ein mittelschweres bis sehr schweres Problem. Obwohl wir über unsere normalen Handschuhe noch so genannte wasserdichte Ölhandschuhe von der Tankstelle gezogen hatten, suchte und fand das Wasser langsam aber sicher den Weg bis zu unseren Fingern. Und dieses begannen zu frieren. Erst ein bisschen, dann etwas mehr und irgendwann waren sie um das Paddel gekrümmt in dieser Position eingefroren.

Es ist ziemlich kalt.

Jeder versuchte, mit dem Problem auf die ihm eigene Art fertig zu werden. Der eine machte Fingergymnastik, aber dann konnte man das Paddel nicht mehr halten und weiter fahren. Der andere zog die Handschuhe aus und hauchte die Finger an. Nicht schlecht, aber anschließend kam er gar nicht mehr wieder in die Handschuhe rein.

In der Pause am Wehr in Rheinshagen sollten Feuerzeuge die notwendige Auftauwärme bringen. Aber vergeblich. Viel zu kalt und außerdem war das Feuerzeugbenzin schneller verbraucht, als unsere Finger warm werden konnten. Wärmende Getränke verschiedenster Art von Tee bis Rum halfen auch nicht weiter, zumindest nicht den kalten Fingern. Also wieder rein ins Boot und kräftig paddeln in Richtung Ziel.

Wie der Leser bemerkt, war die Tour alles andere als langweilig. Inzwischen schien die Sonne und wärmte zumindest unsere Köpfe unter den Pudelmützen. Leider nicht die Füße, die unbeweglich im Boot so langsam die Temperatur des umgebenden Wassers annahmen, das gefühlt um die null Grad betrug.

Landschaftlich war der Winterwald unübertroffen und die Strömung des Flusses weiterhin sehr flott. Bis zum Ziel in Zippelsförde konnte es nicht mehr weit sein. Einhundertfünfzig Meter davor war dann wirklich Schluss, der Fluss war zugefroren. Wir legten an und zogen die Boote über den lockeren Neuschnee zu unseren Autos. Eine phantastische Winterfahrt ging zu Ende … und so schön konnte Langeweile sein…

Schnell zurück ins Warme

Winter bei Zippelsförde

Epilog

Natürlich habe ich das Paddeln 1986 nicht aufgegeben. Und ich könnte weitere Geschichten erzählen. Allerdings nicht aus der DDR. Die Fahrt auf dem Rheinsberger Rhin war meine letzte Tour dort. Die nächste fand im Sommer 1986 auf der Pegnitz bei Nürnberg statt und war der Beginn der großen Wildwasserzeit in den Alpen, auf Korsika oder in Frankreich. Aber diesen Fahrten fehlte der Esprit des Ungeahnten oder Unerwarteten. Es gab und gibt Flussführer über jeden Fluss und Bach. Die tollste Ausrüstung ist käuflich zu erwerben. Und selbst Shuttledienste zum Rückholen des Autos sind eingerichtet, von geführten Touren ganz zu schweigen.

Damit ging aber auch ein bisschen der Reiz des Abenteuers verloren. So gut wie nichts konnte mehr schief gehen, wenn man seine eigenen Fähigkeiten richtig einschätzte. Ein Wachtmeister Weber oder ein Mehlauto, das unsere verdreckten Boote transportierte, sind uns weder so noch so ähnlich begegnet. Natürlich könnte ich über die Donau Fahrt von Ingolstadt nach Budapest berichten, die die erste Chance nach der Ausreise war, alte Freunde in Bratislava wieder zu treffen.

Aber das wäre auch nur eine Geschichte mit einem Boot in schöner Umgebung.

Viele andere, zum Teil bizarre, Geschichten sind mir auf dem Fahrrad passiert, das dann nicht nur das Transportmittel zum Rückholen des Autos war, sondern das Fortbewegungsmittel über viele Kilometer in schönster Landschaft. Darüber könnte man etwas schreiben und darüber werde ich nachdenken.

Lutz-Peter Nethe
August 2009

Der Autor – auch heute noch auf dem Wasser unterwegs

Danksagung

Mein Dank gilt allen Freunden und Sportkameraden mit denen ich in vielen Jahren unterwegs war und ohne die ich diese Erlebnisse nicht gehabt hätte. So können wir noch nach Jahrzehnten herzhaft über unsere gemeinsamen Erinnerungen lachen.

Ganz besonderer Dank gilt Olaf, der mir die Tür zum Kajaksport öffnete und mit dem ich auch heute noch auf dem Wasser unterwegs bin.